野田琺瑯のレシピ

琺瑯容器＋冷蔵庫で、
無駄なく、手早く、おいしく。

野田善子

文藝春秋

目次

琺瑯は、私の生活を助けてくれるかけがえのないパートナーです 4
この本のきまりごと・琺瑯の取り扱いについて 8
野田家の冷蔵庫の中身を大公開 10
琺瑯を使いこなす7つの技 16

第一章　野菜は下ごしらえが肝心

白菜　白菜のホワイトソース仕立て 20
キャベツ　キャベツの芯の梅酢漬け 22
回鍋肉(ホイコーロー) 23
小松菜　小松菜の茎とコンビーフの炒めもの 24
小松菜のチヂミ 25
長ねぎ　ねぎのオイスターソース炒め 26
玉ねぎ　玉ねぎのオリーブオイル蒸し 27

四季の手仕事①　梅干しと梅酒づくり 28

第二章　常備菜があればごはんの準備もすぐできる

オニオンスープの素 36
オニオンスープ 37
にんじんの甘煮 38
にんじんの酒炒り 38
ポテトサラダ 39
ふろふき大根とひき肉あん 40
コールスロー 41
ごぼうといかのきんぴら 42
ひじき煮 43
五目豆 44
昆布の山椒煮 45
かつおふりかけ 45

四季の手仕事②　初夏のらっきょう漬けづくり 46

第三章 安くておいしい ひき肉は主婦の味方

シュウマイだね
　蒸しシュウマイ 50
　揚げシュウマイのスープ仕立て 52

コロッケだね
　ポテトコロッケ 54
　じゃがいもとチーズの重ね焼き 55

ギョウサだね
　ギョウザ 56
　スープギョウザ 57

肉だんごだね
　肉だんごの揚げあんかけ 58
　肉だんごのけんちん風 59
　ミートソーススパゲッティ 60

ミートソース
　ピザ風トースト 61

四季の手仕事③　日々のぬか漬け 62

第四章 かたまり肉があれば いつもごちそう風に

蒸し鶏
　棒々鶏（バンバンジー） 68
　蒸し鶏と豆腐のサラダ 70

ゆで豚
　ゆで豚の野菜包み 72
　ゆで豚とキャベツ、しらたき炒めのからしじょうゆがけ 74

煮　豚
　煮豚と煮卵の盛り合わせ 76
　五目炒飯 78

四季の手仕事④　うれしい日のローストビーフづくり 80

第五章 琺瑯容器ひとつで 簡単おやつがつくれます

コーヒーゼリー 86
みかんゼリー 88
いちじくの赤ワイン煮 89

四季の手仕事⑤　季節の果実でジャム＆コンポート 90

琺瑯製品は、こんなふうにしてつくられます 92
ホワイトシリーズ製品一覧 94／野田琺瑯の定番製品 96
日本の琺瑯と野田琺瑯の歩み 97

琺瑯は、私の生活を助けてくれるかけがえのないパートナーです

『野田琺瑯(ほうろう)』の創業は昭和9年。平成26年に80周年を迎えました。そして、私が野田家に嫁いでから45年。ふと気づけばその歴史の半分以上を、一緒に歩んできたことになります。

といっても、結婚以前は格別、琺瑯への興味があったわけではありません。毎日の調理で使っているうちに、その便利さに引き込まれていきました。

もちろん家業だからということはありますが、なにより、家族の食卓を預かるひとりの主婦として、いつも琺瑯に励まされてきました。

普段の食事は3度とも家でいただきます。ありがたいことに、家族は皆、「ウチのごはんが一番おいしい！」と言ってくれるので、その期待に応えないわけにはいきません。とはいえ、私も子育てが一段落してからは仕事を手伝うようにもなりましたので、以来、限られた時間の中で手抜きすることなく、効率よくつくるために、段取りというものをそれまで以上に大切に考えるようになりました。

素材の下ごしらえの工夫や、食材を無駄にしない保存法、時間をみつけておこなう常備菜づくり……。食材の風味を損なうことなく保存ができ、直火にもかけられて、汚れも落ちやすいなどのさまざまな特性を持つ琺瑯は、私の生活を助けてくれるかけがえのないパートナーになりました。

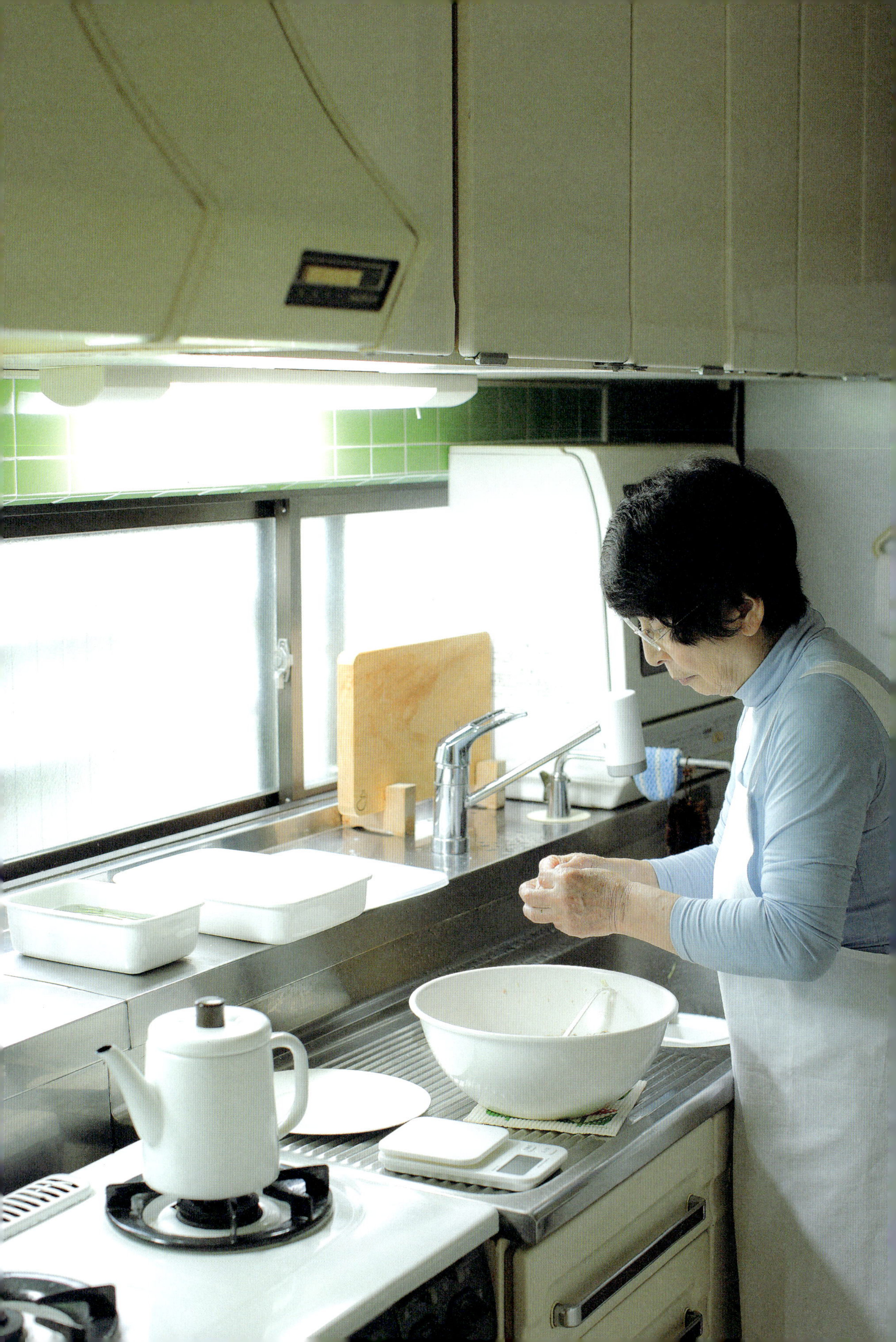

『ホワイトシリーズ』が生まれるまでのこと

鍋やケトル、バットにボール、保存容器、洗い桶に至るまで、我が家の台所にある調理道具のほとんどが自社製品です。

製品は、実際に使い心地を試すようにしているので、日々、琺瑯に囲まれて生活してきました。使っているうちに、使い手としての希望が、より具体的に明確になり、「ここがもっとこういう形になっていればいいのに」とか、「このようなものが欲しい」と思うことが多くありました。

それは、家業に貢献するためのアイデアの提案ということではなく、あくまで一消費者である主婦としての希望に過ぎなかったのですが、社長である夫は台所での実践を重んじて、真摯に耳を傾けてくれました。

そして、「冷蔵庫用保存容器が欲しい」という要望から2003年に誕生したのが、『ホワイトシリーズ』だったのです。

食品・食材の保存について、昔は住宅の中に専用の保管用戸棚を持っていたり、涼しい場所がある家庭が多かったのですが、今の住宅は気密性が高く、安定した低温で保管をしたいとなると冷蔵庫を頼るしかありません。限られたスペースの中に、効率よく多くを収めるためには、蓋のある容器が必要でした。そしてその容器は、どのような食材にも映え、凛とした白色にしたいと。

それまで家庭用の琺瑯製品は、色や柄のあるものが主流で、白色ということに社内で反対もありましたが、夫の「まずは、少しずつつくってみるか」のひと言で、なんとか発売にこぎつけることができました。

こうして少量生産からはじまった『ホワイトシリーズ』ですが、うれしいことに徐々に使ってくださる方が増え、発売から10年後の2013年には『グッドデザイン・ロングライフデザイン賞』をいただくことができました。

今日も我が家では琺瑯容器が大活躍。どんなときでも、基本を忠実に守りながら、家族が喜びを分かち合える食卓を日々ていねいにつくり続けてこられたのは『ホワイトシリーズ』のおかげです。

本書では、私なりの日々の『ホワイトシリーズ』の使い方と、我が家の定番レシピを紹介しています。どうかこの本を手に取ってくださった方々のお役に立つことができますように。

のレシピ

琺瑯容器は、ただの保存容器ではありません。
保冷効果にすぐれ、
直火にかけられたり、器にもなったりと
ひとつで何役もこなしてくれるすぐれもの。
冷蔵庫と一緒に活用することで、
日々の料理を、より手早く、おいしくする、
かけがえのないパートナーになってくれます。

この本のきまりごと

- 1カップ＝200㎖、大さじ1＝15㎖、小さじ1＝5㎖を表しています。
- 材料表の「適量」は「好みの量を入れる」、「適宜」は「あれば好みで」という意味です。

琺瑯の取り扱いについて

- 琺瑯はガラス質です。落としたり、衝撃を与えたりすると、表面破損の原因となります。
- 琺瑯製品は電磁波をはじくので、電子レンジには使えません。またガス火には使用できますが、製品の種類によって、IH電磁調理器に対応できるものとそうでないものがありますので、表示をよく確認してください。
- 琺瑯のみでできているもの（樹脂製や木製の取手やつまみがついていないもの）は、オーブン調理が可能です。
- ストーブの上でのご使用は避けてください。
- 空焚きすると表面のヒビ割れの原因になります。空焚きしてしまったときは、水などをかけずに、自然に冷めるのを待ってください。
- 洗うときは、スポンジや天然素材のタワシなどを使ってください。金属たわし、磨き粉などは表面を傷つけるので、使用しないでください。
- 琺瑯は製造工程上、釉薬がかかりにくい箇所や、焼成時に金具で吊るして炉に入れる際の跡などが残り、この部分は水分や酸、塩分が付着したままの状態にするとサビが生じます。使用後は水分をよくふき取り、乾燥させてください。
- 保存容器を直火・オーブンにかけるときは、必ずシール蓋・密閉蓋を取ってください。
- 琺瑯は熱を加えると大変熱くなりますので、火傷には充分にご注意ください。

野田琺瑯

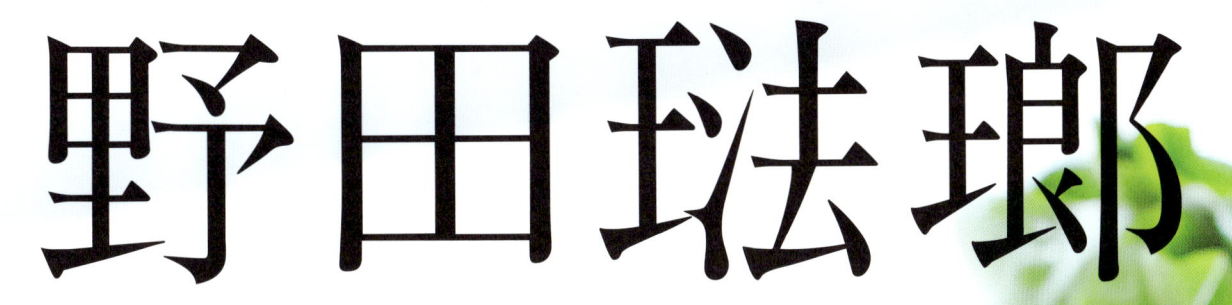

琺瑯容器＋冷蔵庫で、
無駄なく、手早く、おいしく。

野田家の冷蔵庫の中身を大公開

台所は主婦の城、とよく言いますが、それならば冷蔵庫はさしずめ宝箱。
お城と宝箱をいかに気持ちよく、そして使い勝手よく調え、
機能的にするかが重要で、お料理を楽しくする近道のような気がします。

琺瑯容器にはいろいろな使い道がありますが、台所で本領を発揮するのは、やはりなんといっても保存容器としての機能です。スクウェア型ならデッドスペースも少なくて済みますし、蓋付きなので重ねられるのも便利。そして、その都度、蓋を開けて見なくてもいいように、シールに中身を書いて貼っておけば、さっと取り出せて、使い忘れも防げます。

ですから、我が家の冷蔵庫には、正方形、長方形、円形など、さまざまな形とサイズの琺瑯容器がぎっしり入っています。

冷蔵室には洗って切り分けた野菜、すぐにつまめるようにしてあるくだものやおやつ、朝食用のオートミールに常備菜各種、虫がつかないように小麦粉や片栗粉も容器に入れて保存。冷凍庫には干物やカレー、ミートソース、だし各種といった具合で、扉を開けると、みなさんたてい驚かれます。

でもこんなふうにすっきりと収納しておくと、どんなに忙しいときでも幸せな気持ちでお料理に取りかかれます。

我が家の台所にある料理道具のほとんどは白。きっぱりとした清潔感があって、統一感も生まれます。その分、汚れがつくと目立ちますので、きれいな状態を維持するようにもなります。

野菜室には、下処理前の野菜と下処理後の野菜を入れるスペースを分けて保存します。しょうがやにんにくなども、琺瑯容器に入れると必要な分量を取り出しやすく、無駄なく使えます。

時間も光熱費も効率よく使いたいから、一度にたくさんつくることが多くなります。ミートソースやカレー、だしは琺瑯容器に入れて冷凍庫へ。琺瑯は直火OKなので、温め直しも簡単です。

10

≪ 容器の中身は……？

調味料や瓶詰めなどの類いはすべて扉のポケットに納め、棚板のところには琺瑯容器に入った食材、食品を並べて、必要なものを取り出しやすくしています。冷気の通り道をつくっているので節電効果もあります。琺瑯は素地が鉄なので容器が庫内と同じ温度になり、内容物も冷えて日もちも良くなるようです。

冷蔵庫の中には、たとえばこんなものが入っています

冷蔵庫の中身を取り出してみれば、ご覧の通り。季節によって入っているものは違いますが、随時、40〜50個の琺瑯容器が詰まっています。

〈下ごしらえした野菜や常備菜・保存食〉

下処理の済んだ野菜と常備菜があれば、食事の支度もスピードアップ。

キャベツ
葉をはがし、水で洗い、葉と芯（葉脈の固い部分）を切り分けておくと、使い分けも簡単。
〈レクタングル深型L〉

小松菜
水に浸して洗い、茎と葉に切り分けます。必要な部位をすぐに取り出せて便利。
〈レクタングル深型L〉

いんげん
琺瑯容器を洗い桶代わりにして洗い、水を切りそのまま保存。容器ごと蒸し器に入れ蒸せます。
〈レクタングル浅型S〉

長ねぎ
長さを揃えてすっきり収納。切り落とした青い部分は鶏のスープを取るときなどにぜひ。
〈レクタングル浅型S〉

白菜
芯は繊維に沿って縦に約6cmの棒状に切り、葉は縦に約10cm、幅約5cmに切って保存。
〈レクタングル浅型L〉

パセリ
きれいに洗って、軸を取り、葉の部分だけをつまんでおくと、用途に合わせて使いやすい。
〈スクウェアS〉

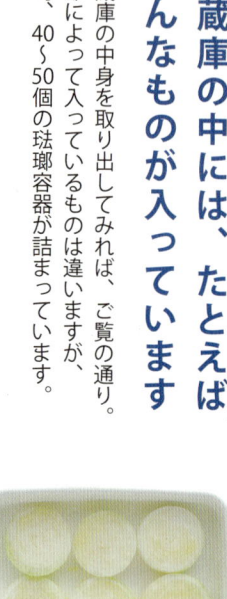

玉ねぎ
皮をむき、2〜3cm厚さに切り、塩とオリーブオイルをふっておけば琺瑯容器ごと蒸せます。
〈レクタングル浅型S〉

五目豆
伝統的な常備菜は、冷蔵庫に入っていると安心。このひと品で食材7品目クリアです。
〈レクタングル深型L〉

にんじんの酒炒り
にんじんをせん切りにして酒と酢でさっと炒りつけたもの。つけ合わせや、そのままでも。
〈レクタングル深型S〉

にんじんの甘煮
梅干し入りなので、少し酸味があり、さっぱりとしたおいしさ。肉や野菜に添えても合います。
〈レクタングル浅型S〉

オニオンスープの素
塩少々を加えてお湯を注げば、即席スープのでき上がり。煮込み料理などにも使えます。
〈スクウェアM〉

ポテトサラダ
つけ合わせにしたり、パンにはさんだり。幅広く使えるとても便利なお総菜です。
〈レクタングル深型L〉

コールスロー
できたてもいいけれど、冷蔵庫に翌日までおき、しんなりしたものもおいしいです。
〈ラウンド16cm〉

ふろふき大根とひき肉あん
柔らかく煮た大根と、ひき肉あんは、別々に保存することでおいしさを保てます。
〈レクタングル深型LL〉〈スクウェアL〉

いかの塩辛
新鮮なするめいかが手に入ったら自家製塩辛に。熟成による味の変化も楽しみです。
〈ラウンド 10cm〉

ごぼうといかのきんぴら
我が家ではもっぱらおかずになりますが、左党の方のおつまみにも喜ばれるひと品です。
〈ラウンド 14cm〉

ひじき煮
海藻はなるべく食卓に取り入れたい食材。口にすると、体がほっとします。
〈レクタングル深型 L〉

たらこの煮物
生たらこのいいのがあったら、甘辛く煮つけて常備菜に。炊きたての白いご飯が進みます。
〈レクタングル深型 M〉

かつおふりかけ
昆布の山椒煮と同様、こちらもだしがらを再利用。冷蔵庫で1週間保存できます。
〈スクウェア M〉

昆布の山椒煮
だしがらの昆布がたまったら佃煮にします。風味の良い山椒とともに煮るのが好みです。
〈スクウェア S〉

ゆで大豆
乾燥豆はまとめてゆでておけば、なにかと便利。煮物にしたり、スープに入れて。
〈TUTU L〉

白いんげん豆
甘く煮たお豆は、箸休めやお茶請けにもぴったり。お弁当の一角にちょこっと添えても。
〈TUTU L〉

コロッケだね
コロッケだねを保存しておけばチーズを重ねて容器ごとオーブンに入れて焼くだけでひと品に。
〈レクタングル浅型 M〉

蒸し鶏
塩とお酒をふった鶏もも肉を琺瑯容器ごと蒸し器に移すだけ。冷めたらそのまま冷蔵庫へ。
〈レクタングル浅型 S〉

ゆで豚
大きなかたまり肉も、お鍋を使わず琺瑯容器ひとつで調理。ゆで汁ごと冷蔵保存します。
〈レクタングル深型 LL〉

煮豚
ラーメンにのせたり、細かく刻んで炒飯にしたり、あれこれ使い回しのきくひと品です。
〈レクタングル深型 LL〉

いちじくジャム
自家製ジャムは砂糖の量を加減できるのがうれしいところ。長期保存するなら冷凍庫へ。
〈持ち手付ストッカー角型 L〉

コーヒーゼリー
琺瑯容器を鍋がわりにして、保存容器、器として3役の活躍。お好きなだけ取り分けて。
〈レクタングル浅型 S〉

いちご
洗ってヘタを取り、並べておくだけ。お風呂上がりに、冷たいのをパクッとつまみ喰い。
〈レクタングル深型 L〉

みかんゼリー
琺瑯容器ひとつで、お鍋を使わずにつくれる簡単ゼリー。どこか懐かしいおいしさです。
〈レクタングル深型 L〉

ホワイトシリーズの製品についてはP94を参照してください。

〈冷蔵庫の定番食材たち〉

とりあえずこれさえあれば安心、という冷蔵庫の常連です。

ハム
直径12cmのラウンドはハムがぴったり収まるサイズ。1枚ずつ簡単に取り出せます。
〈ラウンド12cm〉

油揚げ
油抜きのあと酒炒りし、大中小に切り分けて。これですぐに調理に取りかかれます。
〈レクタングル深型S〉

ベーコン
細かく刻むと用途が限られるので、琺瑯容器の長さに合わせてカットし、保存します。
〈レクタングル深型S〉

がんもどき
甘辛に煮付けてから保存します。ご飯に合い、お弁当にも最適なおかずです。
〈レクタングル深型M〉

かたくり粉
粉類は、ダニの侵入を防ぐため二重蓋ができる琺瑯容器に保存しています。
〈TUTU M〉

小麦粉
袋のままだと取り出しにくいので、すべて琺瑯容器に移し替えています。
〈TUTU L〉

オートミール
朝食用のオートミールも、琺瑯容器で保存すると酸化が防げ、取り出しやすくなります。
〈TUTU L〉

ちりめんじゃこ
パックから琺瑯容器に移し替えて、蓋をきちんとしめておけば、保存性もアップ。
〈ラウンド10cm〉

ぬか漬け
ぬか床も冷蔵庫に入れておけば、温度も安定し、毎日かき混ぜなくてもだいじょうぶ。
〈ぬか漬け美人〉

らっきょう漬け
小分けにして冷蔵庫に入れておくと、琺瑯容器ごと食卓に出せ、食べやすくなります。
〈ラウンド10cm〉

赤梅酢
梅干し漬けでできた赤梅酢も、別容器に移して保存。野菜の即席漬けなどに利用します。
〈スクウェアM〉

梅干し
梅干しは常温でも保存できますが、小分けにしておくと、さっと使えて便利です。
〈レクタングル深型LL〉

三杯酢
食事のたびにつくるのでは大変。つくりおきがあることで酢のものが手軽になります。
〈スクウェアM〉

八方だし
汁もの、煮物、すき焼きなどにも、足したり薄めたりできて万能。我が家の必需品。
〈スクウェアM〉

煮干しだし
深い滋養を味わえるので、汁もの、煮物用として常備しておくと安心です。
〈スクウェアL〉

一番だし
和食の基本となる一番だし。たっぷり取って、小分けにし、冷蔵・冷凍にします。
〈スクウェアL〉

〈冷凍庫には……〉

下ごしらえとまではいかなくても、琺瑯容器に移しておくだけで、取り出しやすくなり、便利です。

あじの干物
身が重ならないように並べて冷凍保存。琺瑯容器の裏側から水をあてるとはがれます。
〈レクタングル浅型M〉

えび
えびは浸るくらいの水を注いで冷凍すれば、味を損ねることなく、鮮度も長持ちします。
〈レクタングル浅型S〉

塩ざけ
さけは新鮮なうちに冷凍。取り出しやすいよう重ねずに、琺瑯容器に並べます。
〈レクタングル浅型S〉

ブルーベリー
ブルーベリーは傷みが早いということもありますが、冷凍してもおいしい果物です。
〈レクタングル深型M〉

ミートソース
パスタにはもちろん、チーズトーストにのせたり、ドリアにしたり、使い道はいろいろ。
〈スクウェアM〉

桃のコンポート
庭にできたものを一度に収穫。長く味わえるようコンポートにして、一部を冷凍保存します。
〈スクウェアM〉

実山椒
ちょこちょこと小分けにして使うので、冷凍して香り、風味、食感をキープします。
〈スクウェアS〉

〈野菜室には……〉

散乱しがちな野菜も見た目もスッキリして鮮度もキープできます。

わかめ
お味噌汁や酢のものに使うわかめは、野菜室に保存。使う分量を的確に取り出せます。
〈スクウェアS〉

しょうが
常備している、なくては困るもの。取り出しやすく、残量が確認できるようにしています。
〈スクウェアM〉

にんにく
常温に長くおくと乾燥しすぎたり、芽も出やすくなるので、野菜室で保存が◎。
〈スクウェアM〉

ゆず
皮も汁もおいしくいただきたいので、琺瑯容器にまとめて入れて、野菜室で保存します。
〈スクウェアM〉

トマト&ピーマン
潰れたり傷みやすい野菜は、きれいに洗って水けをぬぐい、琺瑯容器でストック。
〈レクタングル深型LL〉

なす&きゅうり
見える保存にすることで、何をストックしているかを確認。献立&買い物が無駄なくできます。
〈レクタングル深型LL〉

れんこん&にんじん
散乱しがちな根菜類もまとめて琺瑯容器に入れておけば、すっきり収納できます。
〈レクタングル深型LL〉

大きさがまちまちなパックに入れっぱなしにしておくより、容器に移すとたくさん収納できて、鮮度もキープできるんです！

琺瑯を使いこなす7つの技

琺瑯は熱伝導がよく冷却性にも優れている上、
酸や塩分に強く、
内容物を変化させにくいという特性を持っています。
その特性を生かした使い方ができるのが
保存容器のホワイトシリーズ。
3種の蓋（P95参照）を使い分けることで、
用途が一層広がり、使いやすくなります。

01 保存する

琺瑯は表面がガラス質でできているため、細菌が繁殖しにくく、酸や塩分といった食材の性質による化学変化がないなど、保存容器として優れた特性を持っています。冷蔵だけでなく冷凍も可能。また洗いやすく、衛生的に使えるのも魅力です。

02 直火にかける

琺瑯容器は鍋やケトルと同じ材質なので、直火もOK（IHは不可）。大きめの保存容器で温め直しや、ゆでたりすることも可能です。琺瑯蓋をすれば、持ち手のないお鍋代わりにも使えます。冷めたら冷蔵庫へ直行。洗いものをひとつ減らす裏技です。

03 そのまま蒸す

琺瑯容器は蒸し物も得意。蒸し上がったらそのまま冷まし、蓋をして冷蔵庫へ。素材から出たおいしい煮汁を余さず、保存することができます。ただし蒸したては容器が熱くなっているので、くれぐれも火傷に注意して。

04 オーブンに入れる

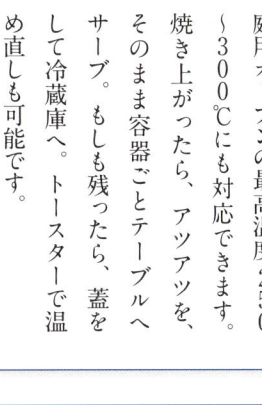

琺瑯容器は直火だけでなく、家庭用オーブンの最高温度250〜300℃にも対応できます。焼き上がったら、アツアツをそのまま容器ごとテーブルへサーブ。もしも残ったら、蓋をして冷蔵庫へ。トースターで温め直しも可能です。

05 ボール代わりに

スクウェア型は蓋をしなくてもスタッキングできるので、下ごしらえを済ませた食材を入れるボール代わりに使うと、場所を取らずに済みます。さらに、鍋に入れる順番どおりに食材を重ねておけば、調理もスピードアップ。

06 そのまま器に

すっきりとシンプルなデザインのホワイトシリーズは、器としても使えます。たとえばサラダを盛りつけて冷蔵庫で冷やし、家族がそろったところでドレッシングをかけてさっとテーブルへ。洗いものも保存容器だけで済みます。

07 お弁当箱にも

琺瑯容器はお弁当容器としても便利。深さがあり、見た目よりたくさん入るので、お父さんや食べ盛りのお子さんにもおすすめです。持ち運ぶときは、衝撃に注意が必要ですが、密閉蓋を使えば、汁もれもなく安心です。

第一章
野菜は下ごしらえが肝心

我が家では、いつも行く商店街の八百屋さんにびっくりされるほど、野菜をたくさん食べます。ただ、野菜は肉や魚と違って、洗ったり、切ったりするのがひと手間。だから私はお買い物から帰ってきたら、まず下ごしらえしておくのを習慣にしています。

といっても大げさなことではなく、洗うべきものは洗い、葉ものは食感の異なる部位を切り分け、下ゆでが必要なものは固めにゆでて、それぞれ琺瑯容器に詰めて冷蔵庫に入れておくだけ。野菜はあまり小さく刻んでしまうと、汎用性がなくなり、鮮度も落ちやすくなるので、あえて大きめに切るのがポイントです。ここまで済ませておくと、すぐに調理に取りかかれるので、白菜1株、キャベツ1玉も無駄なく使い切れます。

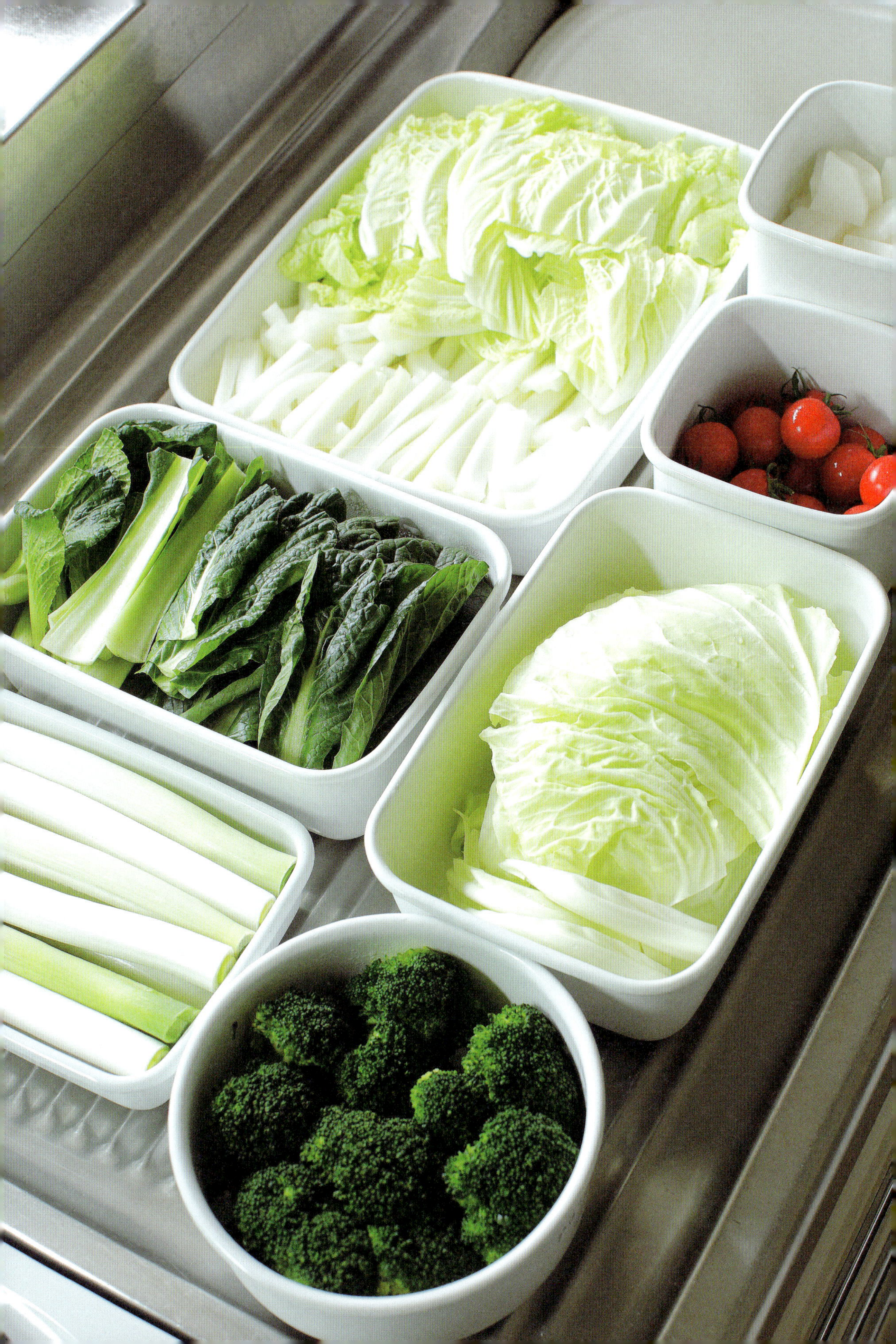

白菜

お鍋にしても煮込みにしても、加熱する料理の場合、固い芯と柔らかな葉は、時間差をつけて入れるのが基本。切り分けてストックしておくと、便利です。

〈レクタングル浅型 L〉

| 芯と葉を使って |

白菜のホワイトソース仕立て

白菜は冬が旬。みずみずしく、甘みも増して本当においしくなります。
しょうゆ味や味噌味もいいですけれど、乳製品との相性もよく、
お正月のおせちに飽きたころ、こんなひと品はお客様にも喜ばれます。

《材料》（4人分）
白菜…½個（700～800g）
干し貝柱…40g
オリーブオイル…大さじ1
しょうが（せん切り）…1かけ分
チキンスープ…200mℓ
塩…小さじ1
牛乳…300mℓ
水溶きかたくり粉 ｜ かたくり粉…大さじ4
　　　　　　　　｜ 水…100mℓ
生クリーム…大さじ3

《つくり方》
1. 白菜の芯は繊維に沿って縦に約6cmの棒状に切る。葉は縦に約10cm、幅約5cmに切る。
2. 干し貝柱は水カップ1につけてもどし、ほぐす。もどし汁は取りおく。
3. 深めの大きなフライパンにオリーブオイルとしょうがを入れて弱火で炒め、香りが立ってきたら白菜の芯を入れて炒める。油がまんべんなくなじんだら貝柱、もどし汁を加えて蓋をし、白菜が透き通るくらいまで中火で煮る。
4. 3に塩を入れて軽く混ぜ、白菜の葉を入れ、チキンスープを加えて蓋をし、3～4分中火で煮る。
5. 4に牛乳を加えて弱火にし、2分ほど煮て味をみて、薄いようであれば塩適量（分量外）を加えて味を調える。
6. 5に水溶きかたくり粉を少しずつ加えて、とろみをつけ、最後に生クリームを加えてひと混ぜする。とろみが充分についたら、水溶きかたくり粉は全量入れなくてもよい。

＊塩の分量は目安です。干し貝柱の塩分にもよるので、塩を加える前に味見をして加減してください。

野菜は下ごしらえが肝心

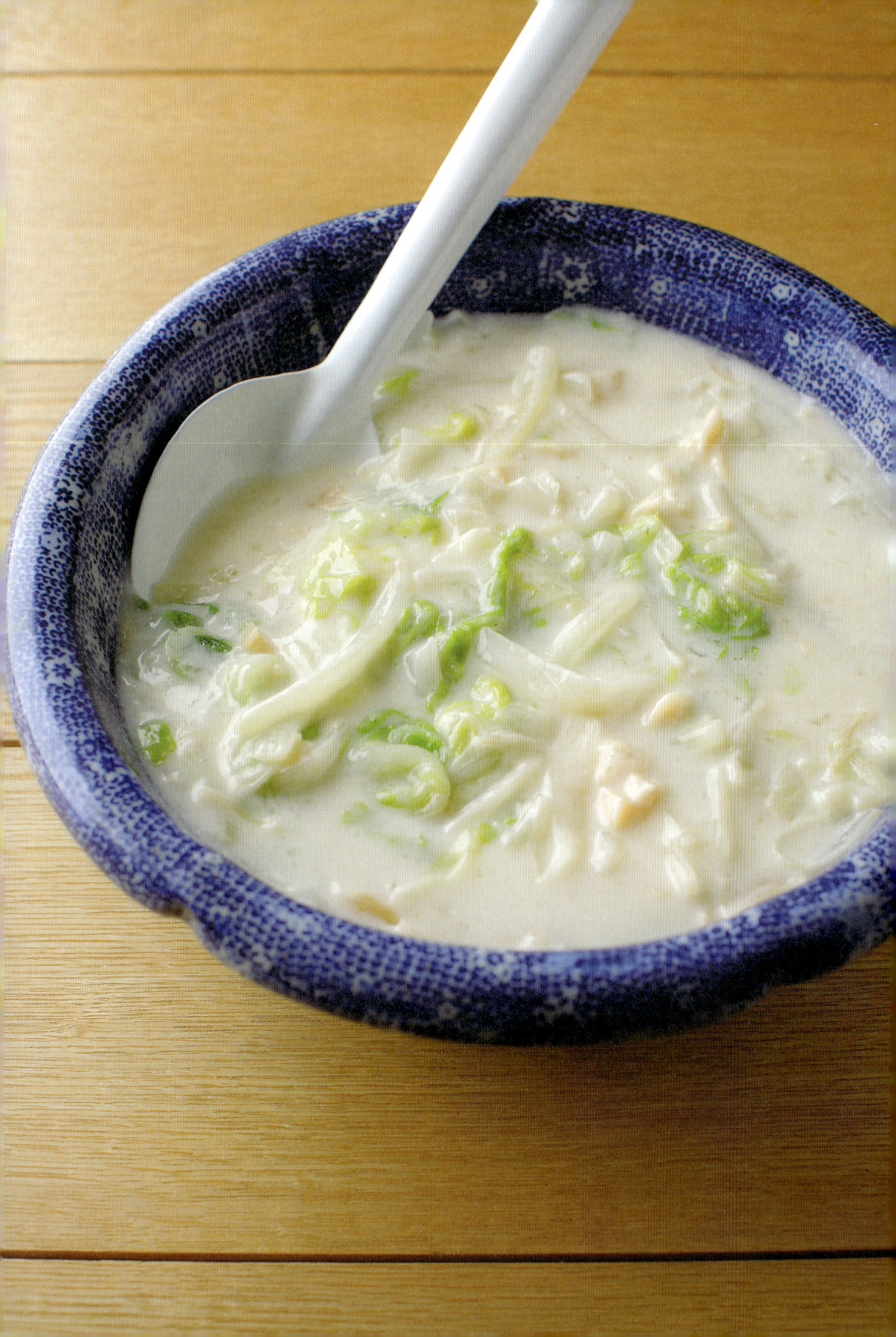

キャベツ

〈レクタングル深型 L〉

キャベツは、芯（葉脈の固い部分）と葉（それ以外の部分）で熱の入り方が違うので、私は必ず分けて使います。葉脈をそろえ重ねて保存しておくと、取り出してすぐに調理が行えます。

〈ラウンド 10cm〉

| 芯を使って |
キャベツの芯の梅酢漬け

キャベツの芯は固いので、細かくきざんで即席漬けに。
赤梅酢を2回に分けて加えることで、きれいな赤色になります。

《材料》（つくりやすい分量）
キャベツ（葉から切り離した芯の部分）…5枚分
なす…1個
きゅうり…1本
みょうが…2個
塩…少々
赤梅酢（P33参照）…大さじ3

《つくり方》
1. キャベツの芯は薄い小口切りにする。なすは縦半分に切り、半月切りにする。きゅうりとみょうがは小口切りにする。
2. ボールに1を入れ、塩をふって軽く混ぜる。しばらくおいて、水けが出てきたらざるに上げて、さっと水洗いし、水けを絞る。
3. ボールに2を戻し入れ、赤梅酢大さじ2を加える。皿をのせて重石代わりにし、ひと晩冷蔵庫におく。
4. 3をざるに上げて、汁けを絞り、ボールに戻し入れる。赤梅酢大さじ1を足して混ぜ合わせ、軽く絞る。

＊浅漬けなので、できれば1～2日で食べきるようにしてください。

野菜は下ごしらえが肝心

| 葉を使って |

回鍋肉
ホイコーロー

回鍋肉は葉だけを使っています。
合わせ調味料を肉にしっかりからめながら炒めるのがポイントです。

《材料》(2〜3人分)
- キャベツ（芯を切り離した葉の部分）…200g
- にんじん…6cm
- ピーマン…1個
- しょうが…1かけ
- にんにく…1かけ
- 豚バラ薄切り肉…150g
- 酒…小さじ2
- ごま油…大さじ1
- A（混ぜ合わせる）
  - 酒…大さじ2
  - 八丁みそ…大さじ1
  - 砂糖…大さじ1
  - 白すりごま…大さじ½
  - オイスターソース…小さじ1
  - しょうゆ…小さじ1
  - 豆板醤…小さじ½
  - 甜麺醤…大さじ½

《つくり方》
1. キャベツはざく切りにする。にんじんは皮をむいて、3cmの長さに切り、2mmほどの厚さにそろえ短冊切りにする。ピーマンは縦半分に切ってヘタと種を取り、長さを半分に切って、1〜2cm幅に切る。しょうがとにんにくは皮をむき、せん切りにする。
2. 豚バラ薄切り肉は食べやすい大きさに切って、酒をまぶしてもむ。
3. フライパンにごま油とにんにく、しょうがを入れて中火で炒める。香りが立ったらにんじんを加えて炒める。
4. にんじんに火が通ったら、ピーマンを加えてひと炒めし、豚肉を加えて中火で炒め合わせる。
5. 4にAを小さじ2加えて、肉によくからめたら、キャベツを加える。
6. 全体を底から大きくすくうようにしながらキャベツに火を通し、しんなりしてきたら残りのAを加えて、まんべんなくからめ、火を止める。

小松菜

〈レクタングル深型 L〉

おいしくて、栄養もあって、しかも使い勝手のよい小松菜は我が家の常備野菜。根つきのまま水に浸けてみずみずしさをアップし、葉と茎に分けるとさらに用途が広がります。

| 茎を使って |

小松菜の茎とコンビーフの炒めもの

小松菜の茎のしゃきしゃきしたおいしさがうれしい炒めもの。
おつまみにもなり、ごはんにも合う万能おかずです。

《材料》（2人分）
小松菜（葉から切り離した茎の部分）…1把分（100〜120g）
コンビーフ…小½缶（50g）
松の実…15g
にんにく（せん切り）…½かけ
ごま油…小さじ1
塩…適宜

《つくり方》
1. 小松菜の茎は4〜5cm長さに切る。
2. フライパンにごま油とにんにくを入れて火にかけ、香りが立ってきたら、1を入れて中火で炒める。
3. 全体に火が通ったら、ひと口大に切ったコンビーフを加えて、形をあまりくずさないようにしながら炒め合わせる。
4. 3に松の実を加えて、ひと混ぜし、味をみて、足りなければ塩で調える。

＊塩の量は使用するコンビーフの塩分により異なるので、必ず味見をしてください。

野菜は下ごしらえが肝心

| 葉を使って |

小松菜のチヂミ

くせのない小松菜は、他の野菜とも合わせやすいので、
いろいろな食材を入れて試してみてください。

《材料》（4枚分）
小松菜（茎を切り離した葉の部分）…90g
にんじん…4cm
白炒りごま…大さじ1
桜えび（乾）…25g
A │ 薄力粉…100g
　│ かたくり粉…50g
　│ 水…150㎖
　│ 卵…1個
　│ 塩…小さじ1
ごま油…小さじ4
たれ（混ぜ合わせる）
　│ 酢・しょうゆ…各大さじ1
　│ ごま油…小さじ½

《つくり方》

1. 小松菜の葉は繊維を断つように細切りにする。にんじんは皮をむいて、せん切りにする。

2. ボールにAを入れて混ぜ合わせ、にんじん、小松菜の順に加えて、混ぜ合わせる。最後に桜えび、白炒りごまを加えて、さっくり混ぜ合わせる。

3. フライパンにごま油小さじ1を熱し、2の¼量を流し入れて薄く広げ、弱めの中火で両面を焼く。残りも同様に焼く。

4. 3を器に盛って、たれを添える。

＊チヂミを焼くときは、下面から7割、上面3割くらいの感じで火を通すと、パリっとうまく焼けます。

ねぎのオイスターソース炒め

長ねぎは芽が伸びるのが早い野菜。
そろそろ使い切りたいときは一度に炒めて一品に。
太さがまちまちでも、かえって食感の違いがおもしろかったりします。

長ねぎ

そのままでは冷蔵庫の中に収まりにくい長ねぎは、琺瑯容器の長さに合わせて切ってから収納。使い残りも容器に戻します。

〈レクタングル浅型S〉

《**材料**》（2〜3人分）
長ねぎ…2〜3本
ごま油…少々
A｜（混ぜ合わせる）
　｜オイスターソース…大さじ¾
　｜しょうゆ・酒…各小さじ1

《**つくり方**》
1. ねぎは5〜6cmの斜め切りにする。
2. フライパンにごま油を熱し、ねぎを加えて、中火でさっと炒める。
3. 2にAを加えて、からめるように炒め合わせる。

＊ねぎはクタクタになるまで火を通さず、少し生っぽい感じを残していますが、
　炊め具合はお好みで調整してください。

野菜は下ごしらえが肝心

玉ねぎ

〈レクタングル浅型S〉

皮をむいてから2〜3cm厚さに切り、琺瑯容器に重ならないように並べ、塩とオリーブオイルをかけて冷蔵庫へ。蒸しても焼いてもおいしいですよ。

玉ねぎのオリーブオイル蒸し

肉はもちろん、魚料理のつけ合わせにもぴったり。
つるんと甘くて、いくらでも食べられます。
普通の玉ねぎはもちろん、新玉ねぎならまた格別です。

《材料》（つくりやすい分量）
玉ねぎ…1〜2個
塩…少々
オリーブオイル…適量

《つくり方》
1. 玉ねぎは2〜3cm厚さに切って、容器に並べる。
2. 表面に塩少々をふり、オリーブオイルをかけ回す。
3. 蒸気の上がった蒸し器に入れて、7〜8分蒸す。透き通った感じになればOK。

＊オリーブオイルは表面が濡れるくらいが目安。冷めてもおいしくいただけます。

容器ごと蒸し器に入れるだけで、おいしいつけ合わせもカンタン！

四季の手仕事 ❶ 梅干しと梅酒づくり

〈ラウンドストッカー 21cm〉

庭先に植えてある梅の実が少しふっくらとしてきたら、そろそろ梅干し漬けの季節です。とはいえ、この梅の実は小さめなので、もっぱら梅酒用。梅干し用には、和歌山県の南高梅を近所の八百屋さんに頼んでおきます。

梅干しづくりにはカビが大敵なのでボール、ラウンドストッカー、蓋、重石などは熱湯消毒するほか、手も含めて作業ごとに、スプレー容器に入れたホワイトリカーをふきつけます。

塩漬け後は、ラップの上からときどき様子をうかがい、梅がかぶる程度の白梅酢が上がってきたら、重石の量は半分に。以降はラップを外して、消毒した蓋をのせ、赤じそが出回る時期まで、カビが出ていないか注意深く見守ります。

ただ万一、カビが出てしまっても大丈夫。その部分を取り除くなど、早めに対処すれば広がるのを防ぐことができます。

《用意するもの》
完熟梅…2kg
粗塩（A）…360g（梅の18％）
赤じそ…300g
粗塩（B）…54g（赤じその18％）
ラウンドストッカー…21cm（容量7ℓ）
重石…2kg×2個
35度のホワイトリカー…適量（スプレー容器に入れたもの）
土用干し用ざる…直径55cm×1枚
＊ラウンドストッカー21cmサイズで、梅2〜3kg相当、24cmサイズで約5kg、27cmサイズで7kgが目安。初めての梅干し漬けは2kgが漬けやすいと思います。

28

STEP1 塩漬けをする

7. ホワイトリカーをふきつけたラウンドストッカーの底に粗塩（A）のうち60gを敷く。

4. 梅はペーパータオルなどに取って水けをふきながら、竹串や楊枝でヘタを取り除く。

1. 梅は傷がなく、黄色く色づいたものを選び、たっぷりの水に30～40分間浸けておく。

8. 7に6を入れ、残りの粗塩（A）をふる。消毒した皿を、梅の上にかぶせるように置く。

5. ホワイトリカーで殺菌した大きめのボールに4を入れ、上からもリカーをふきつける。

2. 流水を当てながら、ガーゼなど柔らかい布で表面をなでるように洗い、ざるに上げる。

9. 8に重石（2kg×2個）を重ねる。ラップで全体を覆い、日の当たらない涼しい場所におく。

6. 5に粗塩（A）のうち240gをふって、全体にまぶす。

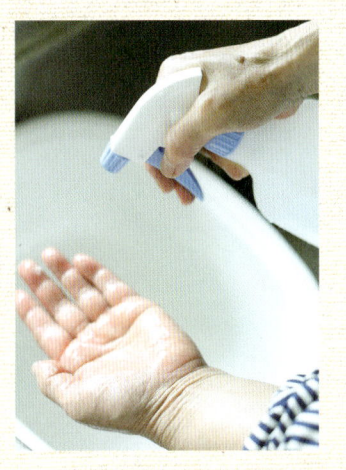

3. 梅を洗い終わったら、手にホワイトリカー（35度）をふきつけて殺菌する。

≪ 4～5日で漬け汁（白梅酢）が上がってきます。
赤じそが出回る時期まで、カビに気をつけて見守りましょう。

STEP2 赤じそ漬けにする

7. 絞ったしそをボールに戻し、残りの塩を加え、さらに押しもみする。

4. 布をほどくと赤じそはふわっふわ。この方法ならしそを傷つけることなく水けをきれる。

1. 赤じそが出回り始めたら、本漬け。白梅酢は梅が浸る分を残し、別の容器へ（P33参照）。

8. 両手でギュッと握り込むようにしながら、汁けをしっかり絞りきり、汁は捨てる。

5. ボールに赤じそを空け、粗塩（B）の半量をふる。しそがちぎれないよう押しもみする。

2. 赤じそに流水を当て、軽く押すようにして3回ほど水を替えて洗い、ざるに上げる。

9. きれいに洗ったボールに8を入れ、軽く浸るくらいの分量の白梅酢を加えてほぐす。

6. 赤黒い汁が出てきたら、しそをきつく絞って皿などにおき、ボールの汁を捨てて拭く。

3. 風呂敷大の綿布に赤じそを包み、口をねじって振り下ろすようにしながら水けをきる。

30

だんだん美しい赤色になってきます。

しそを梅の上に広げていくと梅酢が美しい赤色に変わります。

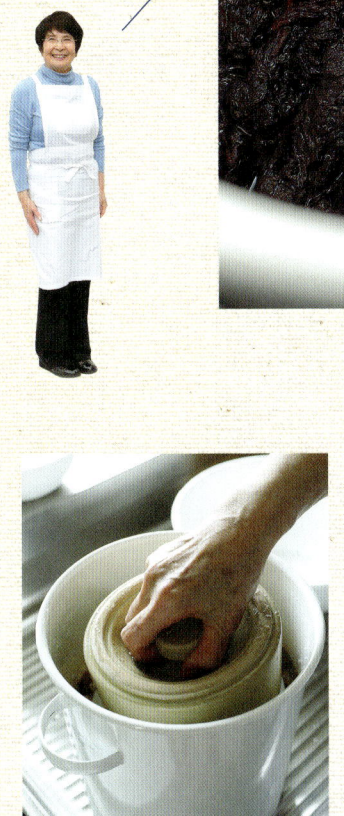

12. 熱湯消毒をし、リカーをふきつけた皿と重石1個をのせ蓋をし、夏の土用の頃までおく。

11. ペーパータオルなどで内側をきれいにぬぐう。

10. 梅の上を覆うように9をのせる。

STEP3 土用干し

3. 空いたスペースに、軽く汁けをきったしそをほぐして広げておき、丸1日干す。

1. 晴天の日を選んで土用干しをする。洗って、天日で乾かした盆ざるに、リカーをふきつける。

4. 表面が乾いたら、途中で裏表を返す。

2. リカーで消毒した箸を用い、梅を並べる。足つきのワイヤー製の台などにのせると、空気が通り乾きやすい。

梅酒

梅干しより、手軽にできるのが、梅酒づくり。
氷砂糖が溶けて、半年経ったくらいが飲み頃です。
ストレート、ロック、水割りなどお好みで。

《材料》（つくりやすい分量）
青梅…約450g
氷砂糖…180g
ホワイトリカー…1.5ℓ

《つくり方》
1. 青梅をきれいに洗い、ひとつひとつペーパータオルなどに取って水けをふきながら、竹串や楊枝でヘタを取り除く。
2. きれいに洗った琺瑯容器に梅を入れ、氷砂糖、ホワイトリカーを入れる。きちんと蓋をして、冷暗所で保存する。

＊ホワイトリカーは1.8ℓ入りを買い、0.3ℓを梅の消毒用に。

〈レクタングル深型LL〉

土用干しが終わったら、梅としそを一緒に保存します。ラウンドストッカーに残った梅酢（赤梅酢）は、漉してから別容器に移して保存します。この赤梅酢と、本漬けに入るときに保存した白梅酢は、梅の有効成分が凝縮されたものなので、殺菌作用もあり、貴重な調味料になります。
私は、赤梅酢は塩もみしたきゅうりやしょうがを漬けるのに、白梅酢はお魚を煮るときなどに使っています。

土用干しは、昼夜、雨にあたらないように外で、3日間干すのが一般的ですが、私は1昼夜干すだけ。乾き具合は、お好みで加減してください。

〈レクタングル深型LL〉

第二章

常備菜があれば ごはんの準備もすぐできる

私は台所に立つのが好きですが、仕事を持っていますので、料理にかけられる時間は限られます。基本的に1日3食を自宅でいただくことが多く、下ごしらえをした常備菜などがあると安心できます。

夕食後の時間を常備菜づくりにあて、ホワイトシリーズに入れて保存し、食事の際は容器ごと火にかけて温め直し、そのまま食卓へ。スタッキングが可能なので多種の保存が容易になり、冷蔵庫のにおい移りもないため、時間がないときもすぐにおいしいごはんの支度が整うのです。

忙しい日々の中でも、これさえあれば大丈夫という常備菜と保存容器は、私にとって励みであり、なくてはならない存在となっています。

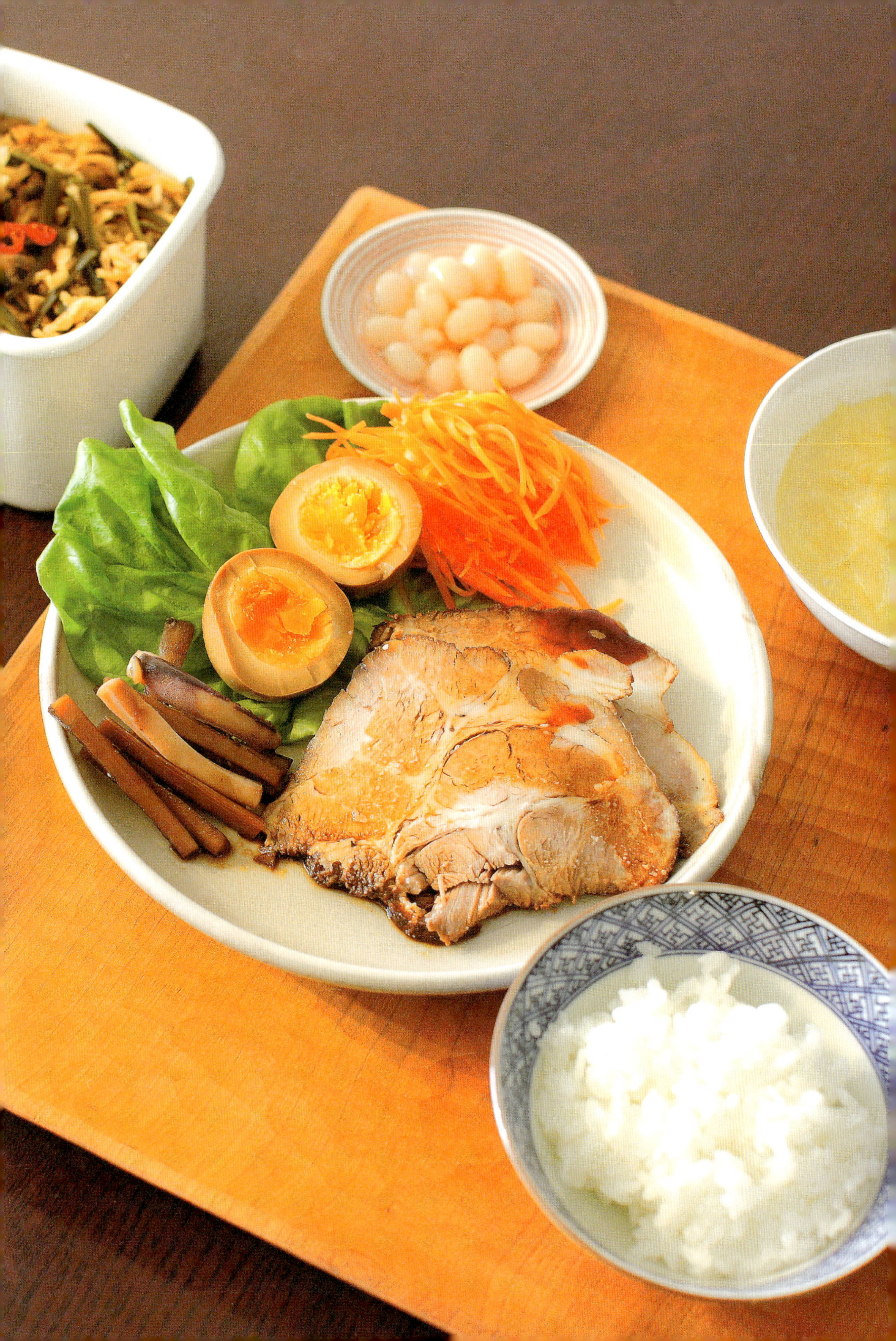

〈スクウェア M〉

オニオンスープの素

薄切りにした玉ねぎを蒸らし煮し、甘みを引き出します。
カレーやシチューなど、煮込み料理に入れるのもおすすめ。

《材料》(つくりやすい分量)
玉ねぎ…中4個(500〜600g)
オリーブオイル…大さじ4
チキンスープ…300ml
塩…小さじ1
ローリエ…3枚

《つくり方》
1. 玉ねぎは2〜3mm厚さの薄切りにする。
2. 鍋に1、オリーブオイルを入れて、まんべんなくいきわたるように混ぜてから、弱火にかける。
3. 蓋をして蒸らし煮する。ときどき蓋を取り、混ぜ合わせ、玉ねぎが色づいてきたらチキンスープ、塩、ローリエを加える。
4. 蓋を外してアクを取りながら、中火で約20分煮つめる。

＊冷蔵庫で約1週間保存可。

| オニオンスープの素を使って |

オニオンスープ

忙しいときでも、すぐにつくれるので重宝しています。
四季を通じて、我が家になくてはならないスープです。

《 材料 》（1人分）
オニオンスープの素…大さじ2
塩…少々
沸騰湯…150㎖

《 つくり方 》
カップにオニオンスープの素、塩を入れ、沸騰湯を加えて、
スプーンでかき混ぜる。

＊ 味をみてお好みの塩加減に調えてください。

にんじんの甘煮

1年中安定供給で安価な上に、
おいしいにんじんは、日常に欠かせない食材。
我が家の冷蔵庫にいつもある常備菜です。

《材料》(つくりやすい分量)
にんじん…中2本
A │ だし…カップ1½
  │ 梅干し…2個
  │ 砂糖…大さじ1
  │ 塩…小さじ½
  │ 薄口しょうゆ…小さじ½

《つくり方》
1. にんじんは皮をむいて、1cm厚さの輪切りにする。
2. 1を鍋に入れ、Aを加える。中火にかけて、にんじんが柔らかくなるまで蓋をして煮る。

＊梅干しは減塩のものではなく、昔ながらの塩加減で漬けたものを使ってください。

〈レクタングル浅型S〉

にんじんの酒炒り

そのまま食べてもおいしいですし、
卵料理などのつけ合わせにしてもきれいです。
にんじんの素材本来の味が楽しめます。

《材料》(つくりやすい分量)
にんじん…中1本
酒…大さじ1
酢…小さじ2

《つくり方》
1. にんじんは皮をむき、斜め薄切りにしてから、ごく細いせん切りにする。
2. 鍋ににんじんと酒を入れ、弱火にかけて、箸でかき混ぜながら炒りつける。
3. にんじんに火が通ってしんなりしてきたら、酢を加え、さっとひと炒りする。

＊冷蔵庫で3〜4日保存可。

〈レクタングル深型S〉

⟨レクタングル深型L⟩

ポテトサラダ

年代を問わず愛される、王道の家庭料理。
コーンなどを加えてもおいしいですよ。

《材料》（つくりやすい分量）
じゃがいも…700g（中4〜5個）
にんじん…小1本
玉ねぎ…50g
ハム…5枚
ゆで卵…1個
ワインビネガー…小さじ1
塩…少々
マヨネーズ…100g
ゆで卵の輪切り（トッピング用）…適量

《つくり方》
1. じゃがいもとにんじんは、それぞれ皮をむいて、蒸し器に入れ強めの中火で、柔らかくなるまで蒸す。にんじんが先に蒸し上がるので、柔らかくなったら取り出す。
2. 玉ねぎは薄切りにする。ゆで卵は白身をみじん切りにし、黄身は軽くほぐす。ハムは2cm長さ、7〜8mm太さの細切りにする。
3. 蒸し上がったにんじんは、1cm角に切る。
4. じゃがいもが蒸し上がったら熱いうちにボールに入れ、粗くくずしてから、ワインビネガーをふり、塩を加えて混ぜ合わせる。
5. 4に3、玉ねぎを加えて全体を混ぜ、ゆで卵、ハムも加えて混ぜ合わせ、粗熱を取る。
6. 人肌くらいにまで冷めたら、マヨネーズを加えて混ぜる。
7. 6を保存容器に移し、ゆで卵の輪切りをあしらう。

＊マヨネーズはお好みで量を加減してください。味が足りないようなら、塩で調整を。

〈左:スクウェアL、右:レクタングル深型LL〉

ふろふき大根とひき肉あん

アツアツのふろふき大根に、あんをたっぷりかけていただく冬のごちそう。
体の芯から温まります。

《材料》(つくりやすい分量)
大根…1本
米のとぎ汁…適量

ひき肉あん
　オリーブオイル…少々
　豚ひき肉…500g
　砂糖…大さじ3
　しょうゆ…大さじ3〜4
　大根のゆで汁(上澄み)…250㎖
　水溶き片栗粉…片栗粉大さじ2を
　　水大さじ4で溶いたもの

《つくり方》
1. ふろふき大根をつくる。大根は3cm厚さに切り、皮をむいて、面取りをする。
2. 鍋に大根を入れて、米のとぎ汁をかぶるくらいまで加える。中火にかけ、大根が柔らかくなるまで煮る。
3. ひき肉あんをつくる。深さのあるフライパンにオリーブオイルを入れて熱し、豚ひき肉を加えて、パラパラになるまで中火で炒める。
4. 3に砂糖を加えて炒め合わせ、しょうゆを加えてさらに炒める。
5. ひき肉に味がなじんだら、大根のゆで汁を加えて、ひと煮立ちさせる。最後に水溶き片栗粉を加えて、とろみをつける。

＊ 青みとして、塩ゆでしてから刻んだ大根葉を散らせば、彩りもきれいです。

⟨ラウンド 16cm⟩

コールスロー

キャベツは水に浸けることで、歯ごたえがパリッとします。
家庭料理にはこんなひと手間が、案外大事なことかもしれません。

《材料》(つくりやすい分量)
キャベツ…350g(中1/3個)
にんじん…小1本
とうもろこし(粒)…100g(約1/3本分)
オリーブオイル…小さじ1

ドレッシング(つくりやすい分量・混ぜ合わせる)
　オリーブオイル…90㎖
　りんご酢…60㎖
　にんにく(すりおろし)…8g(約小さじ1)
　玉ねぎ(すりおろし)…20g(約大さじ2)
　塩…小さじ1
　こしょう…少々

《つくり方》
1. キャベツは30分水に浸けて、パリッとさせ、2cm長さ、3.5cm幅に切る。にんじんは皮をむいて、せん切りにする。とうもろこしはフレッシュなものであれば、ゆでてこそげたものを使用し、缶詰であれば汁けをきる。
2. 保存容器に1を入れ、オリーブオイルを加えて、手でざっくりとあえる。
3. 2にドレッシング大さじ3を加えて、手で全体をあえる。

＊ 冷蔵庫で翌日まで保存できます。できたてもおいしいけれど、しんなりと味がしみたものも、また別の味わいがあります。

〈ラウンド14cm〉

ごぼうといかのきんぴら

小さいころから親しんだ実家の味。
お弁当のおかずや、おつまみにもなるひと品です。

《材料》（つくりやすい分量）
ごぼう…1本
するめいか…1ぱい
A｜しょうゆ…大さじ2
　｜砂糖…大さじ1
　｜みりん…小さじ1
白炒りごま…大さじ2

《つくり方》

1. ごぼうは4cm長さに切り、太めのせん切りにする。沸騰湯に入れて2〜3分ゆで、8分通り火を通す。
2. するめいかは足を抜いてわたを取り除く。胴は皮をむいて、縦に切り込みを入れて開き、骨を除いてから1.5cm幅、4cm長さの短冊切りにする。足とエンペラも同じくらいの長さに切る。沸騰湯にすべて入れて、さっとゆで、色が白くなったらざるに上げる。
3. 鍋にごぼう、いか、Aを入れて中火にかける。箸で全体をかき混ぜて味をなじませながら、煮汁がほとんどなくなるまで炒りつける（しょうゆや砂糖の焦げつきに要注意）。
4. 仕上げに白炒りごまを加え、ざっと混ぜる。

常備菜があればごはんの準備もすぐできる

〈レクタングル深型L〉

ひじき煮

素材の滋味を取り合わせた、日本の代表的なお総菜。
つくりおきがあると安心できるおかずのひとつです。

《材料》(つくりやすい分量)
長ひじき(乾)…40g
油揚げ…1枚
にんじん…小1本
こんにゃく…½枚
ゆでた大豆…100g(P44参照)
ごま油…大さじ1
A┃だし…カップ1
　┃しょうゆ…75ml
　┃砂糖…大さじ2
　┃みりん…大さじ1

《つくり方》
1. 長ひじきは15〜20分水に浸けてもどす。
2. 油揚げは油抜きをし、縦半分に切って、短冊切りにする。にんじんは皮をむいて、太めのせん切りにする。こんにゃくは塩(分量外)でもんで、下ゆでし、にんじんと同じくらいのせん切りにする。
3. 鍋ににんじんとごま油を入れて、弱火にかける。蓋をして、にんじんに5分通り火が通るまで、蒸し煮にする。
4. 3に油揚げ、こんにゃくを入れて2〜3分炒める。水けをきったひじき、ゆでた大豆を順に加えて、ひと混ぜし、Aを加える。
5. 蓋をして7〜8分煮る。ひじきに味がなじんだら、でき上がり。

〈レクタングル深型 L〉

五目豆

大豆好きな家族のために、よくつくる料理のひとつです。
乾燥豆からゆでた大豆はまた格別。箸が止まらなくなります。

《材料》(つくりやすい分量)
大豆(乾)…300g
昆布…約10g
干ししいたけ…4枚
ごぼう…1本(約150g)
れんこん…1節(約130g)
にんじん…1本(約120g)
こんにゃく…1枚
A しょうゆ…75㎖
　砂糖…大さじ3
　みりん…大さじ2

《つくり方》

1. 大豆はひと晩水に浸けてふっくらとさせる。浸け水ごと中火にかけて、沸騰したら弱火にし、アクを取りながら約2時間ゆでる。1粒食べてみて、ほくっとしていればOK。ゆで汁ごと冷ます。

2. 昆布と干ししいたけは、それぞれひたひたの水でもどし、もどし汁は取りおく。もどした干ししいたけは、大豆と同じくらいの大きさに切る。昆布は2cm角に切る。

3. ごぼうは小さめの乱切りにし、沸騰湯に入れて5分通り火が通るまで下ゆでする。れんこんは縦8等分に切って小口切りにする。にんじんは皮をむいて、大豆よりやや大きめに切る。こんにゃくは塩(分量外)をふってもみ、下ゆでして1.5cm角に切る。

4. 大豆を入れた鍋からゆで汁を適宜すくい、ひたひたくらいを残す。2と3の具を加えて、昆布と干ししいたけのもどし汁を足してカップ1にしたものと、Aを加えて中火にかける。アクを取りながら、全体が柔らかくなるまで煮る。

＊ 大豆はゆでておくと、冷蔵庫で3〜4日間は保存でき、応用がききます。豚肉や鶏肉と煮ても美味。

常備菜があればごはんの準備もすぐできる

昆布の山椒煮

だしをとったあとの昆布も無駄なく使う、
日本人の"始末の心"が生んだひと品です。

《材料》（つくりやすい分量）
昆布（だしをとったあとのもの）…200g
しょうゆ…大さじ3
みりん…大さじ½
実山椒の佃煮…大さじ1

《つくり方》
1. 昆布は3cm角の色紙切りにする。
2. 鍋に1を入れ、しょうゆとみりんを加える。弱火にかけ、箸で混ぜながら、さらに2～3分煮る。
3. 仕上げに実山椒の佃煮を加えて、ひと煮する。

＊ 実山椒は最初から入れるとくずれてしまうので、必ず最後に加えてください。

〈スクウェアS〉

かつおふりかけ

さっぱりとした梅の酸味、ごまの香ばしさが、
だしがらのかつおぶしに風味を補ってくれます。
ご飯を何杯でもお代わりしたくなるのが困りもの。

《材料》（つくりやすい分量）
かつおぶし（一番だしをとって絞ったもの）
　　　　　　　…150g（乾燥状態で80g）
梅干し（種を取る）…2個
しょうゆ…大さじ2
みりん…大さじ1
白炒りごま…大さじ1

《つくり方》
1. フライパンにかつおぶしを入れて、弱火にかけ、から炒りする。
2. パラッとしてきたら、梅干しをちぎって加えて、炒り合わせる。カラッとしてきたら、しょうゆとみりんを加え、ふわっとするまで炒る。
3. 仕上げに白炒りごまを加えて混ぜ合わせる。

＊ 冷蔵庫で約1週間保存できます。

〈スクウェアM〉

四季の手仕事❷ 初夏のらっきょう漬けづくり

〈持ち手付ストッカー丸型L〉

梅酒用の青梅が6月上旬、梅干し用に色づいた香りの良い梅が中旬から下旬のころ。らっきょうも同じ時期に店頭に並ぶので、とても忙しい季節です。

らっきょうは、泥つきのもので漬けると、パリパリとしたよい歯ごたえが長く味わえます。また、すぐに成長してしまうので、買ったその日のうちに漬けます。

洗う、切る、皮をむくという手間がありますが、私は1回に1kgごとの小単位で、らっきょうが出回っているうちに何度か漬けるようにしています。小単位で漬けることで、夕食後の時間を使い、負担なく容易につくることができるのです。

琺瑯容器に甘酢を入れて火にかけ、熱いうちにらっきょうを入れ、冷めたら冷蔵庫へ。こうしておけば一年中、食感のよいらっきょうを楽しめます。

《用意するもの》
泥つきらっきょう…1kg
甘酢
　酢・水…各300mℓ
　砂糖…180g
　塩…大さじ3（すり切り）
赤とうがらし（種を取る）…2本
持ち手付ストッカー丸型L（容量1.5ℓ）

7. らっきょうが浮き上がってこないように、丸く切ったクッキングシートをのせる。

4. らっきょうは、ペーパータオルなどで押さえて水けをふき、乾いたざるに移す。

1. らっきょうは流水に当て、泥を洗い流す。きれいになったら、ざるに上げて水けをきる。

8. 粗熱が取れるまで常温におき、蓋をして冷蔵庫で保存する。

5. 持ち手付ストッカーに甘酢の材料をすべて入れて弱火で煮立て、砂糖を溶かす。

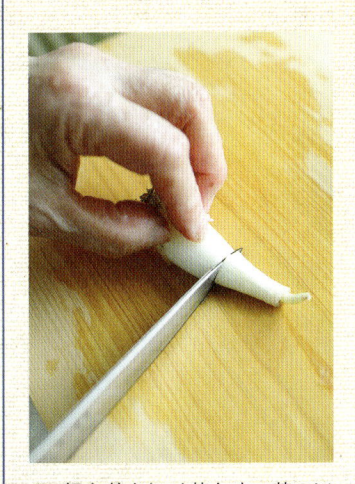

2. 根と茎を切り落とす。茎のほうは長めに切り落とすと仕上がりがきれい。

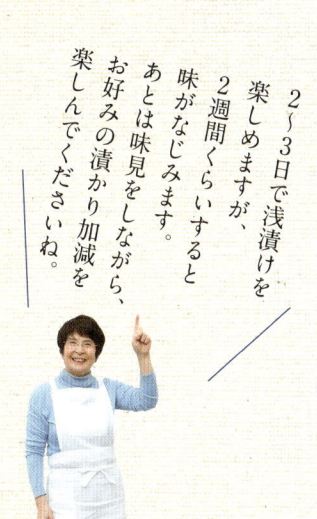

6. 5の火を止め、甘酢が熱いうちにらっきょうを入れ、赤とうがらしを加える。

3. プティナイフなどで縦に浅く切れ目を1本入れて、薄皮をきれいにむく。

> 2〜3日で浅漬けを楽しめますが、2週間くらいすると味がなじみます。あとは味見をしながら、お好みの漬かり加減を楽しんでくださいね。

第三章
安くておいしい ひき肉は主婦の味方

ひき肉は、ありがたい食材だと思います。経済的にも優しく、調理の仕方によって、いかようにも変化し、ご飯に合う。料理によって部位やひき方を相談できるお肉屋さんが近所にあるのもうれしい。二人の息子が育ち盛りだったころは、胃袋が満足するよう1kgのひき肉でいろいろとつくりました。そうしているうちにレパートリーも増え、定番となった料理も数々。時間と愛情をかけたひき肉料理が、彼らにとって母の味になったのか、今でも好物のようです。我が家にとって、ひき肉料理は家庭の味と言えるかもしれません。

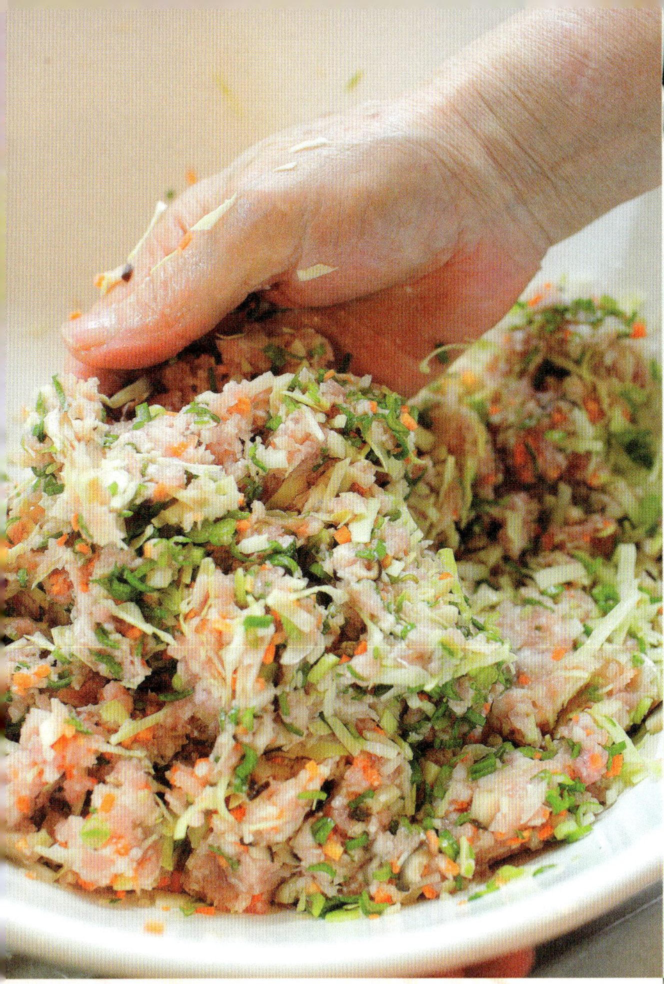
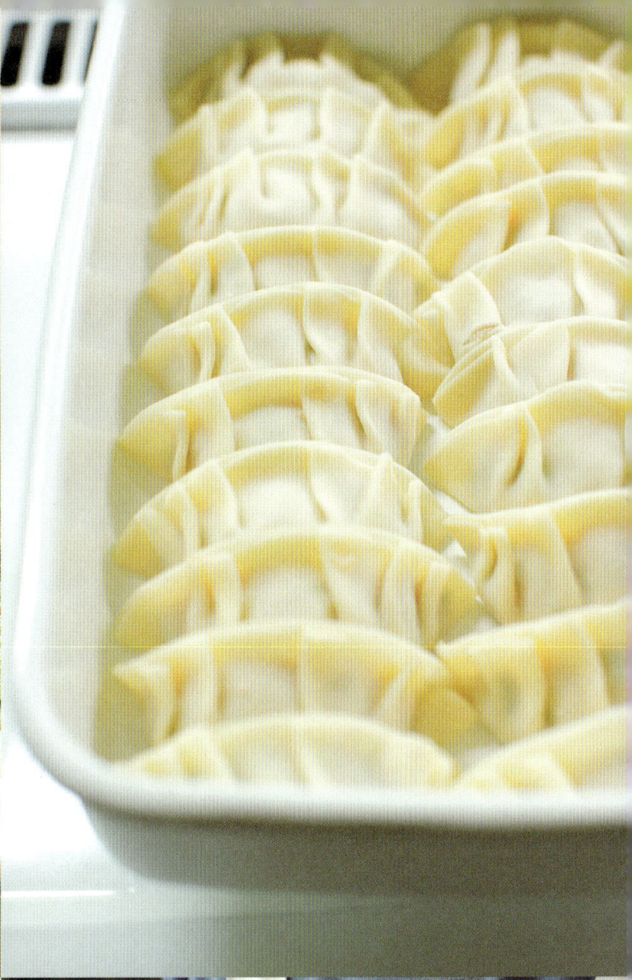
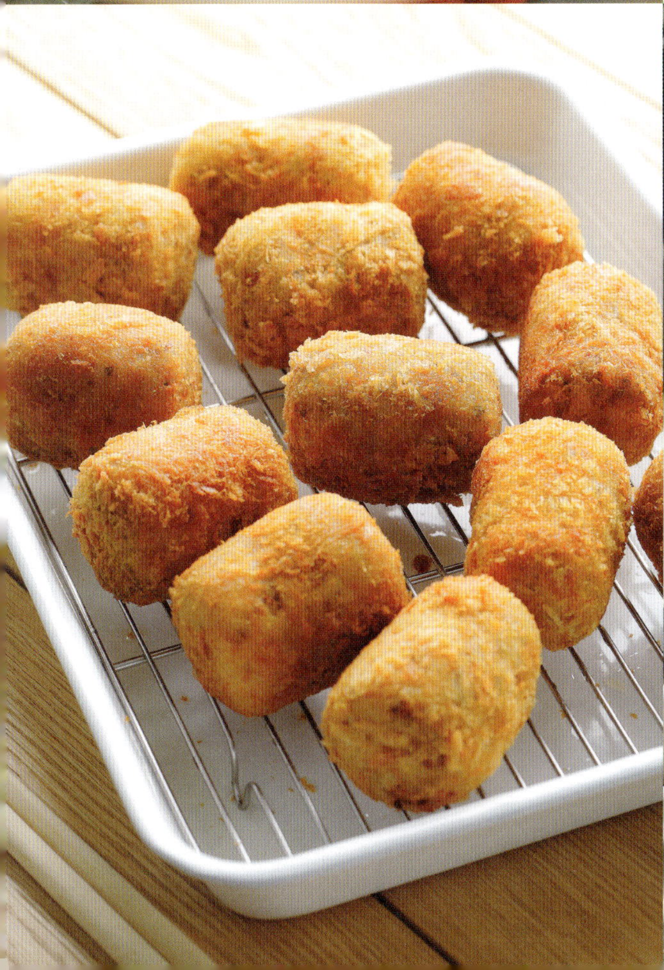
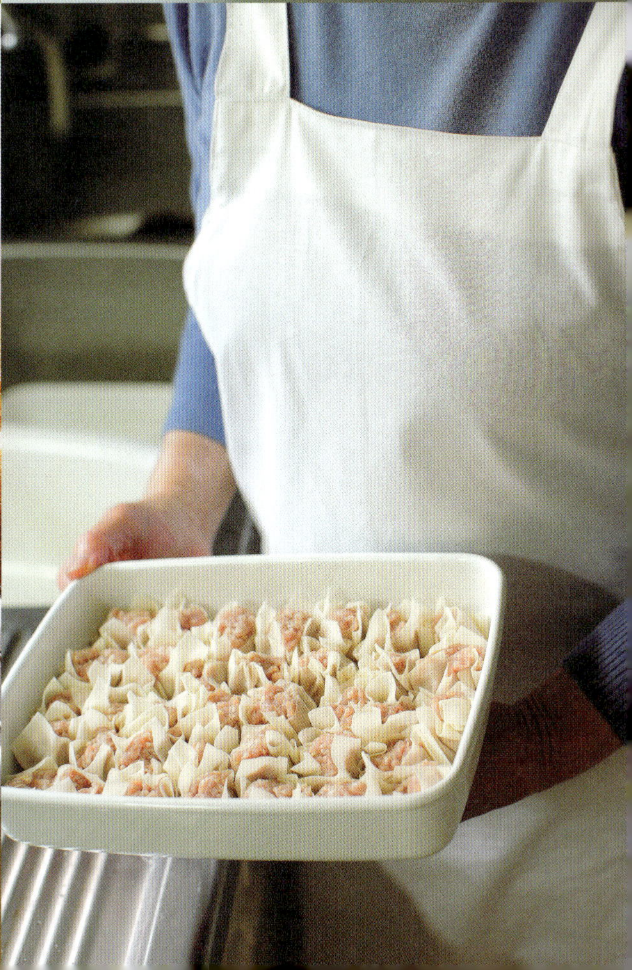

シュウマイだね

玉ねぎを加えるご家庭が多いかもしれませんが、
長ねぎをたっぷり加えるのが我が家流。
しょうがも多めに加えていますので、さっぱりと食べられます。

《材料》（つくりやすい分量・蒸しシュウマイ約30個＋揚げシュウマイ約30個分）

A
豚ひき肉…500g
しょうが（みじん切り）…40g
酒…大さじ2
水…大さじ3
塩…小さじ1
かたくり粉…大さじ1
ごま油…大さじ1

B （混ぜ合わせる）
長ねぎ（みじん切り）…80g
かたくり粉…大さじ1

＊蒸しシュウマイ1個はたね約20g、
　揚げシュウマイ1個はたね約5gとしています。

《つくり方》
ボールにAとBを入れて、よく練る。耳たぶくらいの固さになればOK。固いようであれば、水少々を加えて、加減する。

＊ 等分にたねを分けたいときは、一度ボールから浅型の琺瑯容器に移して平らに広げ、皮の枚数に合わせて、テーブルナイフなどで筋を入れて印をつけておくと、便利。このワザはひき肉料理全般に使えます。

＜レクタングル浅型L＞

| シュウマイだねを使って |

蒸しシュウマイ

繰り返し、何度つくっても食べ飽きないシンプルな蒸しシュウマイ。
蒸し器の蓋を開けたとき、立ち上る湯気をみると食欲がでます。

《材料》（30個分）
シュウマイだね
　　　…上記のうち600g
シュウマイの皮…30枚

《つくり方》
1. シュウマイだねを30等分したものを1個ずつ皮で包む。蒸すときに皮がはがれないように、最後にキュッと握り込む。
2. 蒸し器にクッキングペーパーを敷き蒸気が上がったら、シュウマイを並べ、8～10分蒸し、中までしっかり火を通す。

シュウマイを蒸し器に並べるときは、隣とくっつかないように、すこし間をあけて。

安くておいしいひき肉は主婦の味方

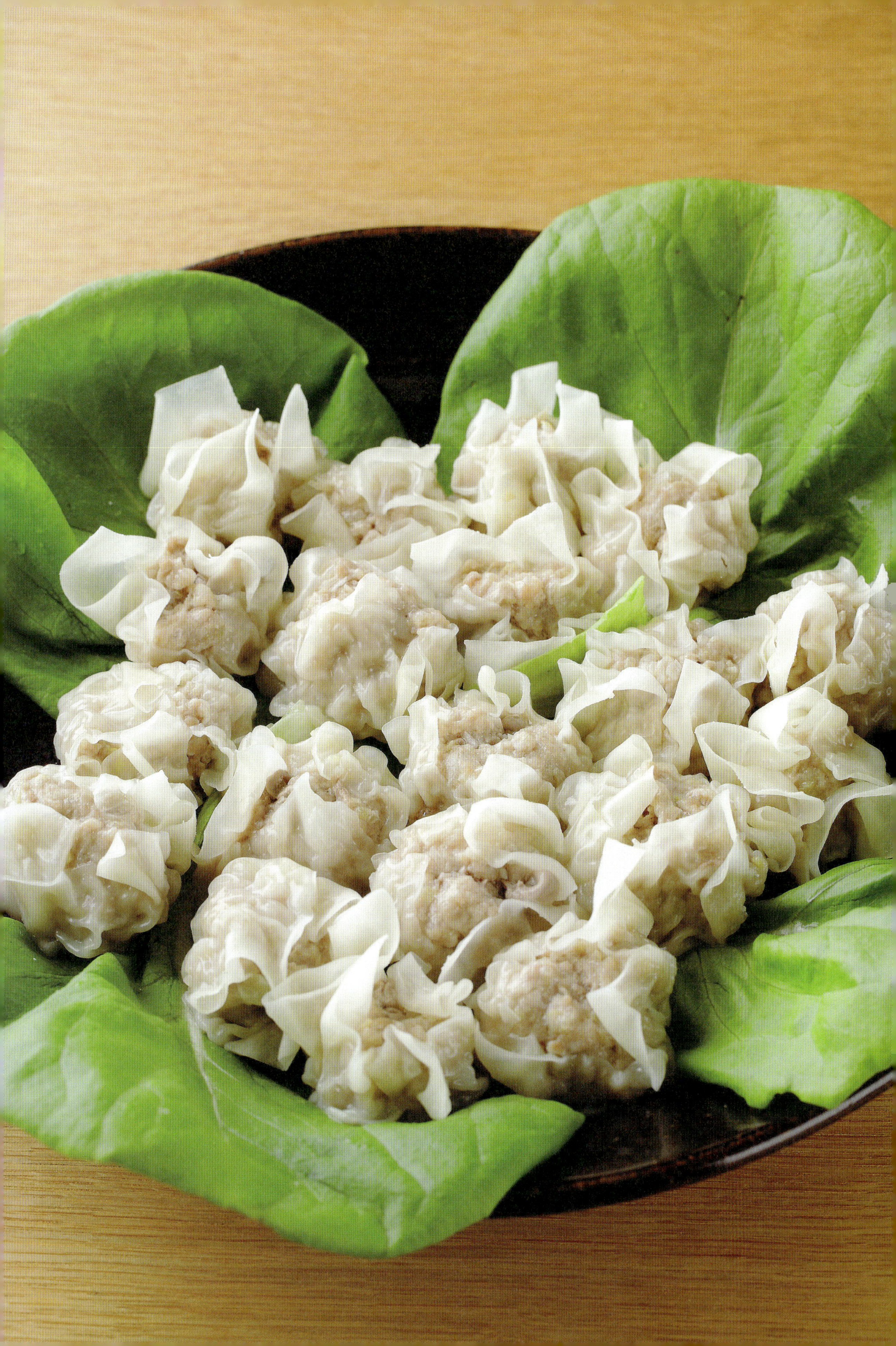

| シュウマイだねを使って |

揚げシュウマイのスープ仕立て

たねは少なめ、皮のパリパリ感を楽しむアレンジです。
浮き実のお野菜は好きなものを、好きなだけ入れて楽しんで。

《**材料**》(30個分)
シュウマイだね…150g
シュウマイの皮…30枚
揚げ油…適量
A｜鶏ガラスープ…カップ2
　｜薄口しょうゆ…小さじ1
　｜塩…小さじ¼
小松菜（10cm長さに切る）…適量

《**つくり方**》
1. シュウマイの皮の真ん中に、等分にしたたねを置いて三角形に折り、ふちに水を塗って皮を押さえる。
2. 揚げ油を150℃に熱して、**1**を入れ、3～4分くらいかけてカラリと揚げる。
3. 鍋に**A**を入れて温め、小松菜を加えてさっと煮る。
4. 器に**2**を盛り、**3**のスープを注ぐ。

＊ 揚げシュウマイの場合は、油の温度を高くせず、140～150℃くらいで3～4分揚げると、香ばしくカラッと揚がります。スープを吸ってやわらかくなったものもおいしいのですが、まずは皮がパリッとしているうちに食べてみてください。

皮に包んだシュウマイを、油の中で箸で優しくさばくようにしながら、ゆっくりと揚げるのがポイント。

揚げたてアツアツをそのまま指でつまんで、食べても美味。お好みで塩をふってどうぞ。

安くておいしいひき肉は主婦の味方

52

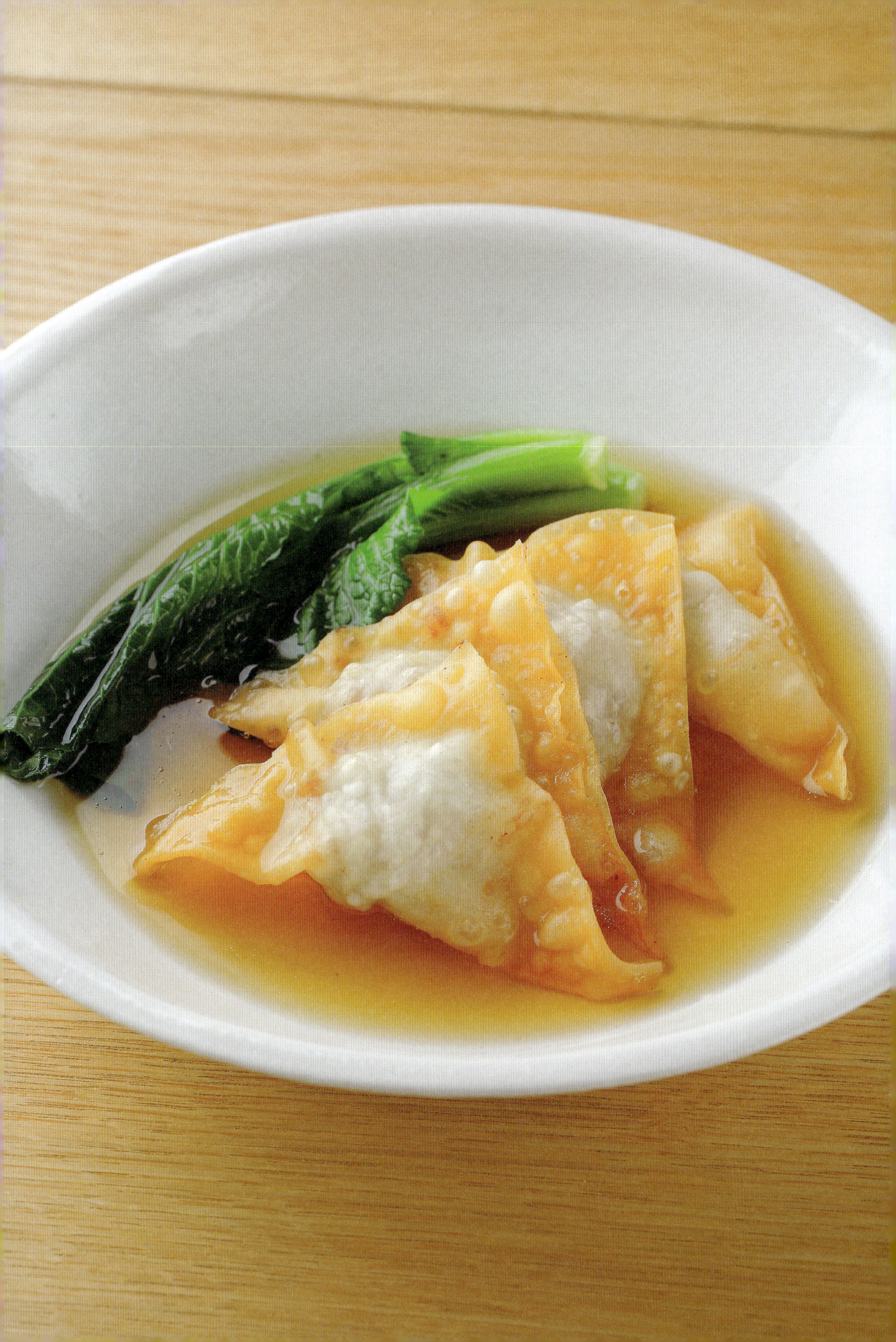

コロッケだね

我が家ではひき肉500gを一度に使い切りが基本。多いようでしたら、たねのままでも、衣をつけてからでも、冷蔵庫で2～3日保存できます。

〈ラウンド21cm〉

《材料》（つくりやすい分量・
　　　　コロッケだね約2300g〈約35個分〉）
じゃがいも…1.5kg（約10個）
合いびき肉…500g
玉ねぎ（みじん切り）…250g（約1個）
にんじん（皮をむいてみじん切り）…120g
オリーブオイル…大さじ3
塩…小さじ1½
バター…30g

＊コロッケ1個のたねの重量を約65gとしています。

《つくり方》
1. フライパンにオリーブオイル大さじ2を熱し、玉ねぎとにんじんを加えて中火で炒める。にんじんが柔らかくなったら、塩小さじ½で調味し、取りおく。
2. フライパンにオリーブオイル大さじ1を足して熱し、合いびき肉を中火で炒める。肉の色が変わったら、塩小さじ½で調味し、1を戻し入れて混ぜ合わせる。
3. じゃがいもは蒸して皮をむき、温かいうちにボールに移して、すりこぎなどでつぶす。じゃがいもが冷めないうちにバターと塩小さじ½を加えて、よく混ぜ合わせる。
4. 3に2を加えて混ぜ合わせる。

| コロッケだねを使って |
ポテトコロッケ

揚げたてのアツアツをぜひ。
ほくほくとしたじゃがいものおいしさを楽しんで。

《材料》（コロッケ約27個分）
コロッケだね…1800g
小麦粉・溶き卵・パン粉・揚げ油…各適量

《つくり方》
1. コロッケだねを等分にし、俵型に成形する。
2. 1を小麦粉、溶き卵、パン粉の順にくぐらせ、170℃に熱した揚げ油に入れて、こんがりと香ばしく揚げる。

＊ 成形したあとに冷蔵庫に入れておいた場合は、170℃の油に入れて衣がからっとしたら、油の温度を下げ、中まで温まるよう長めに揚げます。

卵にくぐらせるときは、コロッケだねを穴あきお玉にのせてやると、手も汚れず調理もスムーズ。

| コロッケだねを使って |

じゃがいもとチーズの重ね焼き

コロッケだねにチーズを重ねて、
容器ごとオーブンに入れれば完成！
ケチャップを添えてもよく合います。

〈レクタングル浅型S〉

《材料》（2人分）
コロッケだね…500g
とろけるチーズ（シュレッドタイプ）…75g

《つくり方》
1. コロッケだねの½量を琺瑯容器に敷き、チーズ50gを散らす。
2. 1の上に残りのコロッケだねを広げ、残りのチーズ25gを散らす。
3. 220℃に予熱したオーブンに2を入れ、チーズにおいしそうな焼き色がつくまで約15分焼く。

コロッケだねを冷蔵していた場合は、できれば常温にもどして。冷たいときは、最初はホイルで表面を覆い、少し時間をかけて中まで温め、途中で外して焼き色をつけると安心。

ギョウザだね

我が家のギョウザは野菜がたっぷり。
れんこんのシャキシャキした食感もよいアクセントになります。

〈レクタングル浅型L〉

《材料》（つくりやすい分量・ギョウザ60個分）
豚ひき肉…500g
A｜酒…大さじ2
　｜塩…小さじ½
　｜ごま油…大さじ2
　｜水…大さじ2〜3
B｜しょうが（みじん切り）…25g
　｜にんにく（みじん切り）…25g
　｜干ししいたけ（もどしてみじん切り）…3枚
　｜にら（みじん切り）…50g
　｜れんこん（皮をむいてみじん切り）…50g（約⅓節）
　｜にんじん（皮をむいてみじん切り）…50g（約½本）
　｜キャベツ（葉は粗みじん切り、芯はみじん切り）…150g
かたくり粉…大さじ2
＊ギョウザ1個はたね約15gとしています。

《つくり方》
1. ボールに豚ひき肉、Aを入れ、よく混ぜ合わせる。Bも加え、肉と野菜がなじむように、さらによく混ぜ合わせる。
2. 1にかたくり粉を加える。粉っぽいところが残らないように、粘りが出るまでよく混ぜ合わせる。

＊ 混ぜ方が足りないと、たねの一体感が生まれないので、粘りが出るまでよく混ぜてください。

| ギョウザだねを使って

ギョウザ

野菜が多いので、軽い食べ心地。
たれにはラー油は入れず、
しょうゆと酢でいただくのが好みです。

《材料》（60個分）
ギョウザだね…上記全量
ギョウザの皮…60枚
ごま油…適量
しょうゆ・酢・ラー油…適宜

《つくり方》
1. ギョウザだねを60等分したものを1個ずつギョウザの皮で包む。
2. フライパンにごま油を熱し、餃子を並べ入れる。下面に少し焼き色がついたら、ギョウザの高さの¼くらいまで水を注ぎ入れ、蓋をして強めの中火で5〜6分蒸し焼きにする。
3. 蓋を取って強火にし、残った水分を飛ばす。器に盛り、好みの調味料を添える。

安くておいしいひき肉は主婦の味方

| ギョウザだねを使って |

スープギョウザ

もしも焼いたギョウザが残ってしまったら、
スープにするのもおすすめ。
焼いてあるので香ばしく、
さらに野菜もたっぷり摂れます。

《材料》（4人分）
ギョウザ（焼いたもの）…8個
鶏ガラスープ…カップ4
A ｜ 塩…小さじ½
　｜ 薄口しょうゆ…少々
キャベツ（茎から切り離した
　　　　葉の部分をざく切り）…200g（約5枚）
オリーブオイル・塩…各少々

《つくり方》
1. 鍋に鶏ガラスープを入れて温め、**A**で調味する。
2. キャベツはオリーブオイルでさっと炒め、塩少々をふって、**1**に加える。
3. **2**にギョウザを加えて温める。

＊ 野菜は小松菜や白菜などでもOK。残ったスープに、お餅やご飯、うどんを入れてもおいしくいただけます。お好みで粗挽きこしょうをふっても◎。

肉だんごだね

揚げてよし、煮てよし、お鍋に入れたり、軽くつぶして焼いても。
まとめてつくっておけば、いろいろな味が楽しめる万能だねです。

〈レクタングル浅型L〉

《材料》（30個分）
豚ひき肉…500g
酒…大さじ2
塩…小さじ¾
A │ れんこん（みじん切り）…50g（約⅓節）
　│ ねぎ（みじん切り）…30g（約½本）
　│ しょうが（みじん切り）…30g
　│ にんにく（みじん切り）…30g
　│ 卵…L玉1個
水…大さじ2
＊肉だんご1個はたね約25gとしています。

《つくり方》
1. 豚ひき肉に酒・塩を加えてよく混ぜ合わせる。
2. 1にAを加えて、さらによく混ぜ合わせ、ボールにたねを叩きつけて粘りを出す。
3. 肉だんごだねの固さをみて水を加える。
4. 肉だんごだねを30等分して丸めておく。

＊たねはなめらかに仕上げると、口当たりがよくなります。固いようだったら、水や卵で水分を調整してください。

| 肉だんごだねを使って |

肉だんごの揚げあんかけ

ケチャップ風味が、どこか懐かしい昔ながらの味。
冷めてもおいしく、お弁当にもおすすめです。

《材料》（20個分）
肉だんごだね…20個分（約500g）
かたくり粉…適量（肉だんごにまぶす用）
揚げ油…適量
A（混ぜ合わせる）
　│ 酢…大さじ2
　│ 薄口しょうゆ…大さじ1
　│ ケチャップ…大さじ4
　│ 水…カップ½
　│ 砂糖…大さじ2
　│ 酒…大さじ1
　│ みりん…大さじ1
　│ かたくり粉…大さじ1

《つくり方》
1. 丸めた肉だんごだねに、かたくり粉を薄くまぶす。
2. 中華鍋に揚げ油を入れて、150℃くらいに熱し、1を入れて揚げ、中まで火を通す。
3. 肉だんごが揚がったら、中華鍋の油を油こしなどに移し、鍋をペーパータオルなどでさっとふく。
4. ボールにAを入れ、よく混ぜておく。
5. 3の中華鍋に4を入れて、中火にかけ、煮立つ直前に2を入れる。あんをよくからめたら火を止める。

＊肉だんごにかたくり粉をまぶすときは、かたくり粉を茶こしに入れて振るうと、まんべんなくつけることができます。

| 肉だんごだねを使って |

肉だんごのけんちん風

このおつゆには、かつおや昆布のだしではなく、
どっしりとした煮干しの風味がよく合います。

《材料》（2～3人分）
肉だんごだね…10個（約240g）
かたくり粉…適量（肉だんごにまぶす用）
A｜ごぼう（小口切りにして下ゆでする）…50g（約1/3本）
　｜にんじん（皮をむいて半月切り）…70g（約1/2本）
　｜大根（皮をむいていちょう切り）…200g（約1/4本）
　｜れんこん（皮をむいていちょう切り）…70g（約1/3節）
　｜こんにゃく（塩でもんで下ゆでし、薄切り）…1/2枚
　｜干ししいたけ（もどして薄切り）…2枚
里いも（皮をむいてひと口大に切る）…4個
木綿豆腐…1/2丁
オリーブオイル…大さじ1
塩…小さじ1
煮干しだし…カップ5
薄口しょうゆ…小さじ1
さやいんげん
　（ゆでて2～3cm長さの斜め切り）…適量
長ねぎ（小口切り）…適量

《つくり方》
1. 丸めた肉だんごだねに、かたくり粉をまぶす。
2. 鍋にAを入れオリーブオイルを注いで、混ぜ合わせ弱火にかけ、蓋をする。蓋をときどき開けてへらなどで混ぜ、大根が透き通るまで、蒸らし煮にする。途中焦げつきそうなときは、煮干しだしを少し入れる。
3. 塩を加えて混ぜ、だしを入れて約5分煮て、里いもを加え中火で煮る。
4. 里いもが煮えたら肉だんごも加え、アクを取りながら火を通す。
5. 豆腐を食べやすい大きさに手でほぐして加える。
6. 薄口しょうゆを加えて味を調え、豆腐が温まったら火を止める。
7. 器に盛り、さやいんげんと長ねぎの小口切りをあしらう。

ミートソース

香味野菜をたっぷり加えたミートソースは、冷蔵＆冷凍保存可。
時間が経っても味が落ちにくいので、常備しておきたいもののひとつです。

〈ラウンド 19cm〉

《材料》（つくりやすい分量）
合いびき肉…500g
玉ねぎ（みじん切り）…350g（約1½個）
にんじん（皮をむいてみじん切り）
　　　　　　　　…200g（小約2本）
セロリ（筋を取ってみじん切り）
　　　　　　　　…150g（約1本）
ピーマン（みじん切り）…100g（約3個）
マッシュルーム（みじん切り）
　　　　　　　　…150g（約1½パック）
にんにく（みじん切り）…30g
オリーブオイル…大さじ4
塩…適量
ローリエ…2枚
ホールトマト缶…2缶（800g）
ケチャップ…大さじ5

《つくり方》

1. 鍋に、玉ねぎとにんにく15gを入れ、オリーブオイル大さじ3をからめて火にかけ、弱火で玉ねぎが透き通るくらいまで蒸し煮にする。
2. 1ににんじん、セロリ、ピーマン、マッシュルームを加えて炒め合わせ、塩小さじ½を加え蒸し煮にする。
3. フライパンに、オリーブオイル大さじ1とにんにく15gを入れて炒める。にんにくの香りが立ったら、合いびき肉を入れ、肉の色が変わるまで中火で炒め、塩小さじ1を加えて、炒め合わせる。
4. 2に3を加えて混ぜ合わせ、ローリエとホールトマトを汁ごと加え、レードルでつぶしながら弱火で20分ほど煮つめる。
5. トマトが全体になじんだら、ケチャップを加え、味をみて足りないようなら塩を加えて調える。

＊ 4からは蓋をしないで煮つめていきます。焦がさないよう、ときどきかき混ぜながら煮てください。

| ミートソースを使って |

ミートソーススパゲッティ

飽きのこないシンプルなミートソース。
子供も大人もみんなが大好きな味です。

《材料》
ミートソース…適量
スパゲッティ…適量
バジル…適宜

《つくり方》
1. スパゲッティをゆでる。
2. ミートソースをあたためて、たっぷりとかけ、バジルをあしらう。

| ミートソースを使って |

ピザ風トースト

ミートソースさえつくりおきしておけば、朝食も手軽に。
ひとりごはんのときにも重宝しています。

《材料》
ミートソース…適量
パン…人数分
とろけるチーズ（シュレッドタイプ）…適量

《つくり方》
1. トースト用のパンにミートソースを塗り広げ、とろけるチーズを散らす。
2. トースターでチーズに焼き色がつくまで焼く。

〈ぬか漬け美人〉

四季の手仕事❸
日々のぬか漬け

　四季を通して、我が家の食卓に欠かせないのが、このぬか漬け。基本的に夏はきゅうりやなす、冬ならかぶや大根というように、旬のものを漬けますが、料理に使ってちょこっと残った野菜の切れ端などを加えてみるなど、日々、試しながら、意外な発見を楽しんでいます。

　みなさん、「ぬか床は手入れが大変で」とおっしゃいますが、さほど手間はかかりません。昔と違って住宅環境が変わり、涼しい場所というのがなくなってしまい腐らせてしまうのでできないという方が多いようですが、〈ぬか漬け美人〉に入れて冷蔵庫で保存すれば、毎日かき回さなくてもだいじょうぶ。この容器は、電気屋さんに足を運び、いろいろなサイズの冷蔵庫の棚の高さを測ってサイズを決めましたので多くの冷蔵庫におさまりがよいはずです。忙しくて手入れができないと思っていた方にも、是非挑戦していただきたいと思います。

　捨て漬けの際には、水分量の多い野菜を入れ、そのまま3日ほどおき、しんなりしたらキュッと絞って、汁をぬか床に入れます。この工程を3回くらい繰り返すと、野菜のエキスで乳酸の発酵が促されて、おいしいぬか床になります。

まずはぬか床づくりから

《用意するもの》
生ぬか…1kg
塩水(水の中に塩を入れ、煮溶かして冷まます)
　塩…130g
　水…1ℓ
赤とうがらし…1本
昆布(8cm×8cm)…1枚
捨て漬け用野菜
(キャベツ、大根やかぶの葉など)
　…適量
ぬか漬け美人
ふきん

捨て漬けを3回くらい繰り返したら完成。お好きな野菜を漬け始めてみましょう。

1. ボールに生ぬかを入れ、塩水を2〜3回に分けて加え、その都度混ぜ合わせる。

2. 片手でギュッと握って、指のあとがつくくらいになったら、ちょうどいい混ざり加減。

3. ボールの中身を〈ぬか漬け美人〉に移し替え、昆布、赤とうがらしを加える。

4. 捨て漬けをする。今回は洗って水けをきったキャベツ2〜3枚を用意。1枚に対してぬかひとつかみをくるみ、ぬか床に入れる。

5. ぬか床をかき混ぜたあとは、容器の内側をきれいにふく。また表面は必ず平らにならしておく。

6. 捨て漬け終了までは濡れ布巾をかぶせ常温におく。3日ほどしたら野菜をキュッとしぼって汁をぬか床に入れる。4〜6を3回くらい繰り返す。

お問い合わせの多い ぬか床Q&A

ぬか漬け専用容器〈ぬか漬け美人〉を購入されたお客様から、ときどきお問い合わせをいただきます。特に多いご相談を挙げてみました。長年ぬか漬けをつくり続けてきた経験からのアドバイスですが、参考にしていただけたら嬉しいです。

Q1 ぬか漬けがなかなかおいしくなってくれません

ぬか床は野菜のエキスを吸うことで、どんどんおいしくなっていきますので、もしかして漬ける野菜の分量が少ないのかもしれません。また、同じ野菜ばかりでなく、いろいろな野菜を入れるのがいいと思います。ただ、やはり向き不向きというのはありますので、これまで私が試してみておいしかったものと、コレはちょっと、というものを左記に挙げてみましたので、いろいろ試してみていただければと思います。

《ぬか漬けに適した野菜》
きゅうり・なす・白うり
かぶ・大根・にんじん
パプリカ・エリンギ
ブロッコリーの茎
ごぼうの細い先端
みょうが・セロリ

《ぬか漬けに適さない野菜》
しいたけ・しめじ
かぼちゃ・じゃがいも
さつまいも
そら豆・枝豆

Q2 日々のお手入れで気をつけることはありますか?

とにかく清潔第一です。野菜を取り出したら、ぬか床の表面を平らにならし、容器の内側に飛び散ったぬかを、布巾やキッチンペーパーできれいにふいておきましょう。そのままにしておくと、カビの原因になります。また、ぬか床の中は空っぽにしないで、なにかしらの野菜を入れておくのもコツ。冷蔵庫に入れておけば、そ れほどすぐに漬かり過ぎるということもないですし、野菜の切れ端でも入れておけば、床がそのエキスを吸っておいしさが増します。漬ける頻度＝おいしさです。それから、野菜を取り出す際、ぬかをゴシゴシとしごき落とさないこと。手の圧で表面だけ塩漬けのようになってしまい、おいしさが半減してしまいます。さっとぬぐう程度に留めましょう。

Q3 長時間漬けておいたわけでもないのに、なんだか酸っぱくなってしまいます

ちょっと腐敗臭のようなにおいがするようなら、ぬか床が元気をなくしているのかもしれません。そんなときは洋がらしか赤とうがらしを加えてみてください。ぬか床の水分量が関係していることもあります。Q5も参考にしてください。

Q4 ぬか床から薬品のようなにおいがするんですが……

まず漬ける野菜はよく洗いましょう。また、容器ごと冷蔵庫で保存すれば、毎日かき回す必要はないのですが、2週間に1度くらいでいいので、底のほうから素手でひっくり返してください。上下を入れ替えることで、良い乳酸菌や酵母が育ちます。容器から出ているにおいと思われる方もいらっしゃるのですが、琺瑯からにおいが出ることはありません。

Q5 ぬか床がびしゃびしゃになったときは、どうすればいいでしょう?

〈ぬか漬け美人〉には磁器製の「水取器」が付属していますので、ぬか床に入れてください。1日もすると余分な水分が中に入りますので、取り出して捨てます。水分量が多いときは、それを何度も繰り返します。あるいは、生ぬかを足すという手もあります。加えるぬかの重量の3〜5％の塩も、ぬか床に加えてください。

ぬか漬け盛り合わせ

《材料》
きゅうり・にんじん・かぶ・パプリカ（赤）・オクラ・エリンギ・みょうが・なす
…適宜
塩…適量

《つくり方》
1. 野菜はすべて洗い、きゅうりは両端を切り落とし、にんじんは皮をむく。かぶは茎を少し残して皮をむく。パプリカは漬けやすい大きさに切る。オクラは熱湯にくぐらせ、みょうがは外側の皮をむく。エリンギは布巾でふいて、洗わずそのまま漬ける。味のしみ込みにくいなすは、ヘタを切り落として、先端に切れ目を入れ、塩をまぶして漬ける。
2. お好みの漬け加減になったら、食べやすく切って盛りつける。

第四章
かたまり肉があれば いつもごちそう風に

ひき肉が便利な食材であることは前章でお話ししましたが、かたまり肉にもおおいに助けられました。煮る、焼く、蒸す、ゆでる等の調理法で完結し、応用がきくのもいいところ。特に煮る料理は、琺瑯容器が鍋兼保存容器として使えるため、洗いものを減らせるのも魅力です。同じ種類の肉、部位でも買うたびに味や食感に違いがあるので、おいしく食べられるように工夫をしながら多めにつくるようにしています。食べごたえのある満足感と、食卓の上の存在感は、家族が集まるときや、来客時のおもてなし料理としても喜ばれます。できたてを切り分けるだけでもメイン料理となりますし、端の切り落としを使った料理にも、ちょっとうれしいおいしさがあります。

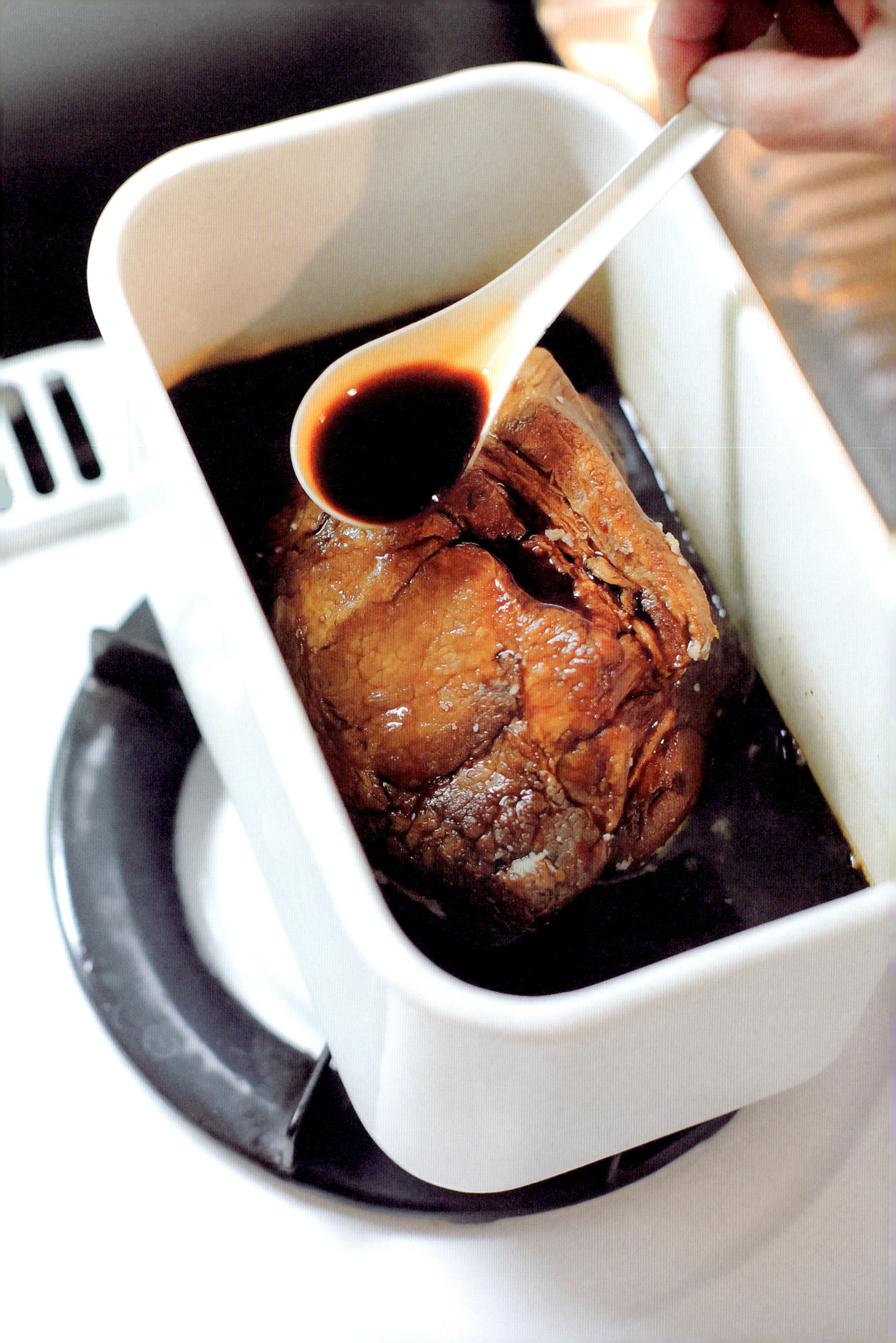

〈レクタングル浅型S〉

蒸し鶏

蒸すというのは、素材本来の旨みを引き出してくれる、食材に優しい調理法。
鶏肉はおいしいスープを逃すことなく、しっとりと仕上がります。
別の容器に野菜を入れて、鶏と交互に重ねれば、温野菜もできて一石二鳥。

《材料》（つくりやすい分量）
鶏もも肉…2枚（600〜700g）
塩…大さじ½
しょうがの搾り汁…大さじ1
酒…大さじ1

琺瑯容器ごと蒸して、保存できるので便利。蒸気が落ちてこないように、ふたは布巾などでくるんで。

《つくり方》
1. 鶏もも肉はサッと洗って汚れを落とし、水けをふき、酒をふる。
2. 皮目にフォークをプツプツと刺し、全体に穴を空ける。こうしておくことで肉の縮みを防ぐことができ、火の通りもよくなる。
3. 裏返して、身のほうに塩の半量をまぶしつける。さらに裏返して皮にも残りの塩をまぶす。
4. 鶏肉の両面にしょうがの搾り汁をふり、身のほうを上にして琺瑯容器に入れ、15〜30分おく。
5. 蒸気のよく上がった蒸し器に4を入れて、約20分蒸す。
6. 蒸し上がった鶏肉は、常温になったら蒸し汁ごと冷蔵庫で保存する。

＊ 下味をあまり濃くしてしまうと、汎用性が低くなってしまうので、塩の量は少なめにしてください。
＊ 野菜を同時に蒸すときは蒸し時間の違いを考慮してください。

| 蒸し鶏を使って |

棒々鶏
バンバンジー

蒸し鶏を切り分けて器に盛り、たれをかければ立派な一品に。
彩りのよい野菜を添えて、大皿に盛るとおもてなし料理になります。

《材料》（2人分）
蒸し鶏…1枚
レタス…適量
パプリカ（赤・黄）…各適量

たれ（混ぜ合わせる）
　白すりごま…大さじ2
　みりん…大さじ1
　だし（一番だし、または鶏の蒸し汁）…大さじ2
　しょうゆ…大さじ1
　豆板醤…小さじ½

《つくり方》
1. 蒸し鶏は1cm幅に切る。
2. レタスは水に浸けてパリッとさせ、食べやすい大きさにちぎる。
3. パプリカは表面を炙って皮をむき、半分に切ってから1cm幅に切る。
4. 器に1～3を盛りつけ、たれをかける。

| 蒸し鶏を使って |

蒸し鶏と豆腐のサラダ

蒸し鶏は温め直す必要もありませんし、瓶詰めのザーサイは調味料代わり。ピータンも粗めに刻むだけなので、どなたでも失敗なくつくれる一品です。火を使わずとも、ちょっと気の利いた副菜がすぐにできます。

《材料》（2人分）
蒸し鶏…100g
木綿豆腐…1丁
ザーサイ（瓶詰め）…100g
ピータン…1個
白髪ねぎ…1本分
ごま油…少々
みつば…少々

《つくり方》
1．蒸し鶏は5mm幅に切って、粗みじん切りにする。
2．木綿豆腐はしっかり水きりをする。
3．ザーサイは粗みじん切りにする。ピータンは粗めに刻む。
4．ボールに豆腐を粗くくずして入れ、ザーサイと白髪ねぎを加えて混ぜ、ピータンも加えて、よく混ぜ合わせる。
5．4に1を加えてよく混ぜ、ごま油を加えてざっくり混ぜる。
6．5を器に盛り、みつばをあしらう。

＊このひと品はよく冷やして食べるのがおすすめ。あしらいはお好みで、みつばの代わりに香菜を使えば、より本格的な味わいになります。

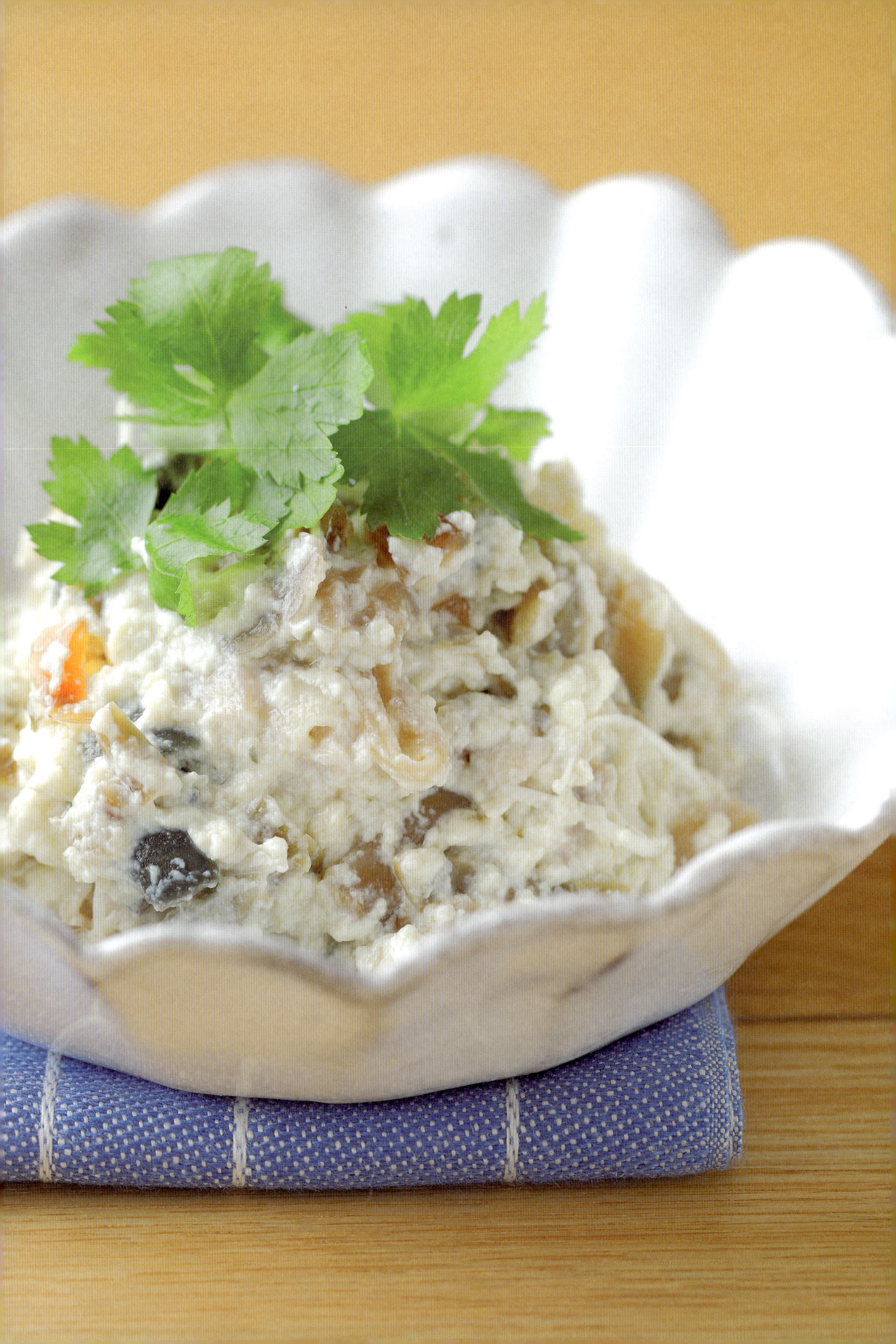

〈レクタングル深型LL〉

ゆで豚

琺瑯容器は直火にかけられるので、かたまり肉もゆでられます。
冷ましたら、あとは蓋をしてそのまま冷蔵庫へ。

《材料》(つくりやすい分量)
豚バラ肉（ブロック）…1kg
塩…大さじ1
A｜にんにく…1かけ
　｜しょうが（薄切り）…5g
　｜長ねぎの青い部分…1〜2本分

《つくり方》
1. 豚バラ肉に、塩をまんべんなくすりこむ。容器に入れ、そのまま冷蔵庫で3日間ほどおく。
2. 〈レクタングル深型LL〉の容器に水1.8ℓ、Aを入れて火にかける。煮立ったら1をそっと入れて、琺瑯蓋を少しずらしておき、弱火で約1時間ゆでる。
3. 肉に火が通ったら火を止め、常温になったら煮汁ごと冷蔵庫で保存する。

＊〈レクタングル深型LL 琺瑯蓋付〉を鍋として使用する際は、本体・蓋ともに取手がないので、火傷に注意してください。

レクタングル深型LLは、弱火でゆでるような料理に使えます。そのまま保存できるので、お鍋を洗う手間も省けます。

| ゆで豚を使って |

ゆで豚の野菜包み

自分の好きなものを、好きな分だけ食べられるのが、取り分け料理のいいところ。
葉野菜に肉と薬味をのせ、みそだれも一緒に包んで召し上がれ。

《材料》（2人分）
ゆで豚…適量

野菜類
　青じそ・サラダ菜・
　あさつき（4〜5cm長さに切る）・
　白髪ねぎ・芽ねぎ…各適量

みそだれ
　赤みそ…大さじ3
　コチュジャン…小さじ1
　酒…小さじ1
　みりん…大さじ1 1/3
　にんにく（すりおろし）…少々
　ごま油…小さじ1

《つくり方》
1. みそだれをつくる。すり鉢に赤みそを入れて、柔らかくする。コチュジャン、酒、みりんを加えてよくすり合わせる。にんにくを加えてさらにすり混ぜる。最後にごま油を加えて練る。
2. ゆで豚は1cm厚さに切って器に盛る。野菜類とみそだれを添える。

＊にんにくは豚をゆでたときのものをつぶして入れてもかまいません。

| ゆで豚を使って |

ゆで豚とキャベツ、しらたき炒めの
からしじょうゆがけ

この料理は、しらたきを入れることがポイント。
味のからんだほかの具と取り合わせると、なんとも加減のいいアクセントになります。
ヘルシーにボリュームアップでき、カロリーを気にせずたくさん食べられます。

《材料》（2～3人分）
ゆで豚（1cm幅、3cm長さの棒状に切る）…100g
キャベツ（芯の部分は斜め薄切りにし、葉の部分は食べやすい大きさのざく切り）…300g（約⅓個）
しらたき（ゆでて、食べやすい長さに切る）…1袋（200g）
しょうが（せん切り）…10g
オリーブオイル…大さじ1
塩…ひとつまみ
からしじょうゆ（しょうゆ大さじ2～3に和がらし大さじ1を溶いたもの）…適量

《つくり方》
1. フライパンにオリーブオイルを熱し、中火でしょうがを炒める。
2. キャベツの芯の部分を加えて炒め合わせる。
3. 芯が透き通ってきたら、ゆで豚を加えて炒め、温まったらキャベツの葉の部分を加えてざっと炒め、しらたきと塩を加える。
4. キャベツがつやっとしてきたらでき上がり。器に盛って、からしじょうゆを回しかける。

＊各自、器に取り分けてから、好みの量のからしじょうゆをかけても。
＊からしじょうゆの分量はお好みで加減してください。

かたまり肉があればいつもごちそう風に

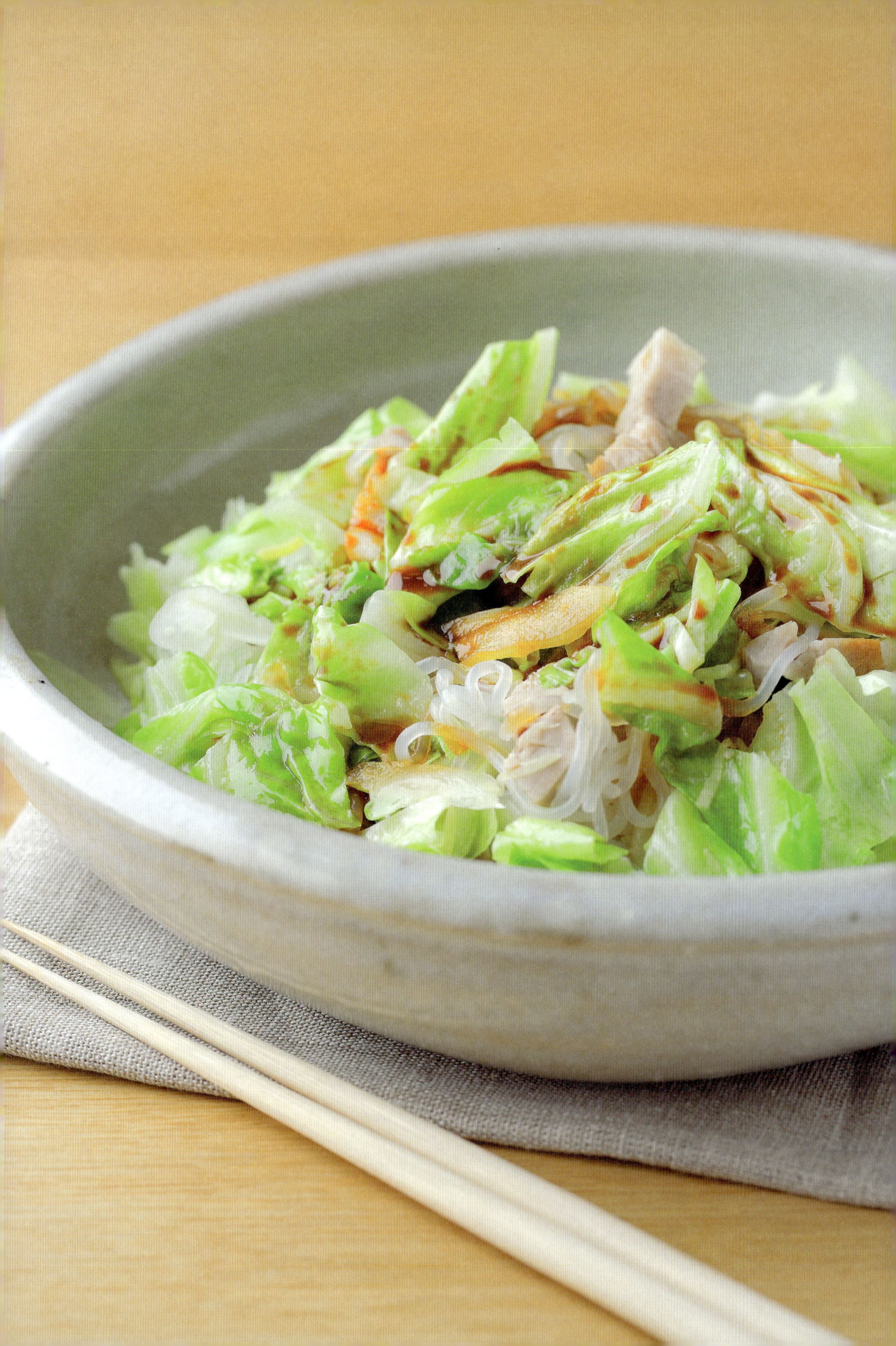

〈レクタングル深型LL〉

煮豚

ブロック肉の形に合った長方形の琺瑯容器で煮ることで、煮汁が少なくてすみます。
しょうゆ味のジューシーな豚肉と、一緒に漬け込んだ卵を楽しんでください。

《材料》（つくりやすい分量）
豚バラ肉（ブロック）…1kg
オリーブオイル…少々
A｜しょうゆ…カップ1
　｜みりん・酒・水…各カップ½
　｜砂糖…50g
　｜にんにく（つぶす）…1かけ
　｜しょうが（薄切り）…5g
ゆで卵…5〜6個

《つくり方》
1. 豚バラ肉をオリーブオイルを熱したフライパンに入れ、四面を焼く。
2. 〈レクタングル深型LL〉にAを入れて弱火にかけ、1をそっと加えて琺瑯蓋をする。途中、1度蓋を開け、スプーンなどで煮汁をすくい豚肉の上からかける。蓋をし、煮こぼれない程度の弱火で、合計50〜60分煮て火を止める。
3. 煮汁に浸けたまま冷まし、常温になったらゆで卵を加え、煮汁ごと冷蔵庫で保存する。

＊卵は常温にもどして、水から入れて火にかけ、煮立ってから5分ゆでます。すぐに水に取って冷やし、殻をむくとほどよい半熟になります。ゆで卵は煮汁が冷めてから入れないと、せっかく半熟に仕上げても、余熱で火が入ってしまうので要注意。漬け込む時間はお好みでどうぞ。

＊〈レクタングル深型LL琺瑯蓋付〉を鍋として使用する際は、本体・蓋ともに取手がないので、火傷に注意してください。

| 煮豚を使って |

煮豚と煮卵の盛り合わせ

添える野菜は、レタスやサラダ菜などお好みで。
練りがらしを添えてもオツな味わいです。

《材料》（2人分）
煮豚・ゆで卵・リーフレタス…各適量

《つくり方》
1. 煮豚は好みの厚さに切り分ける。ゆで卵は横半分に切る。
2. 器にリーフレタスを敷き、1を盛りつける。

＊煮汁を添えて、お好みでかけたりつけたりして召し上がってください。

| 煮豚を使って |

五目炒飯

炒飯に使う煮豚は、切れ端のほうがおいしいような気がします。
休日のお昼などにもいいですし、お弁当にもぜひ。

《材料》（2〜3人分）
煮豚（粗みじん切り）…100g
卵（溶きほぐし、塩少々を加える）…2個
干ししいたけ（もどして、みじん切り）…3枚
小えび（酒蒸ししたもの）…100g
グリーンピース（さやから取り出しゆでたもの）…100g
ご飯…400g（冷やご飯は温めておく）
オリーブオイル…適量
塩…小さじ¼

《つくり方》
1. 中華鍋を熱し、オリーブオイル大さじ1を入れてなじませ、溶いた卵を流し入れる。半熟になるよう火を通し、取り出しておく。
2. 中華鍋をペーパータオルなどでざっとぬぐってきれいにし、再び火にかけてオリーブオイル大さじ1を熱する。
3. 2に干ししいたけを入れて中火でよく炒め、煮豚を加えて炒め合わせる。小えびを加えて、火が通ったら、ご飯を加えて強火で炒め合わせる。
4. 3に塩を加えて調味し、グリーンピースを加えてひと炒めする。最後に取りおいた卵を戻し入れ、全体が混ざるように炒め合わせて、器に盛る。

＊干ししいたけはできれば原木栽培のものを。味も風味も一段とアップします。

多種類の材料をきざんでおく場合、1種類ずつ〈スクウェアS〉に入れておくと、蓋をせずにスタッキングができるので便利。材料の分量が多いときは、〈スクウェアM〉〈スクウェアL〉でもスタッキングが可能です。しいたけをもどすときも、容器に蓋をして冷蔵庫でゆっくりもどすと、おいしいです。

かたまり肉があればいつもごちそう風に

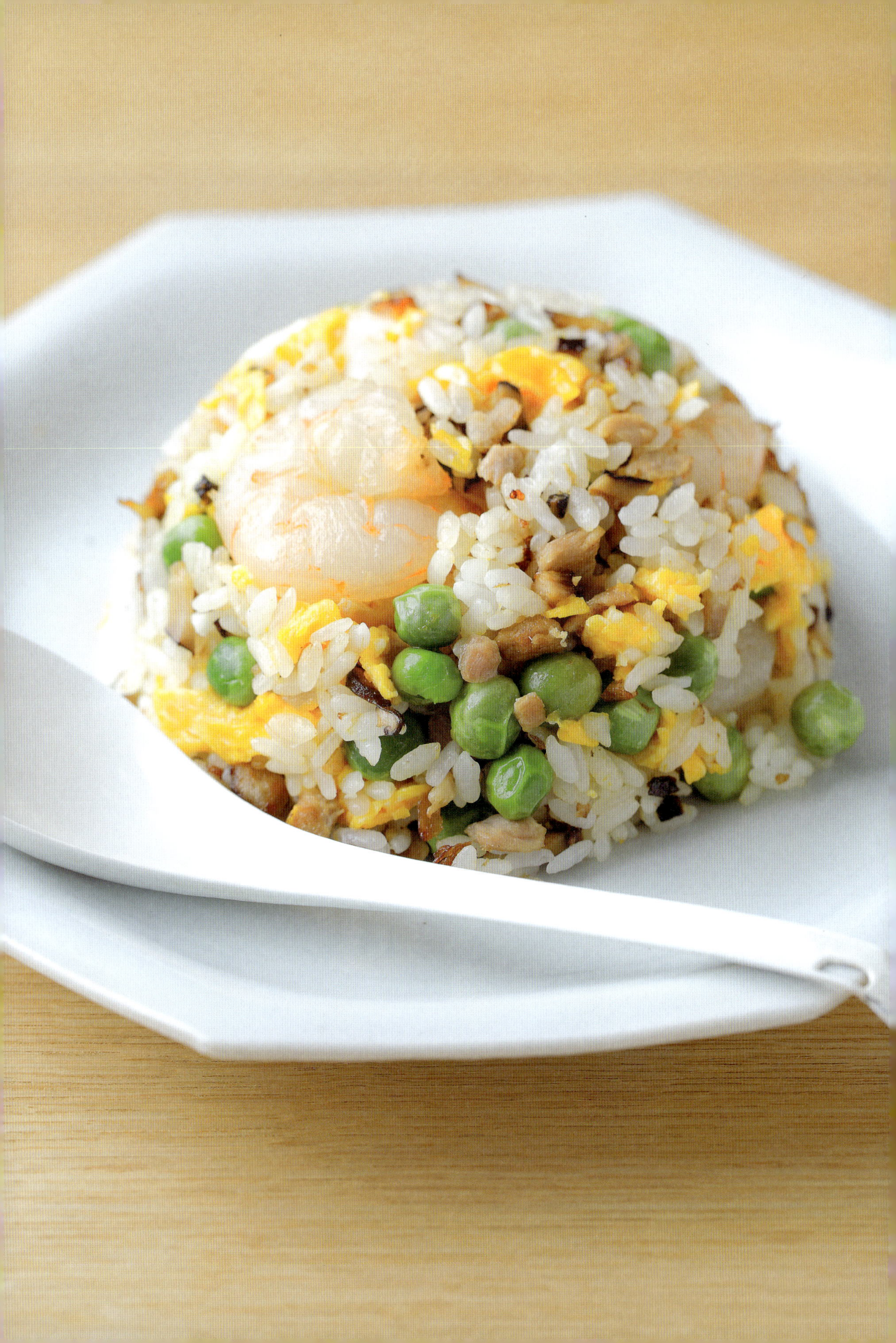

四季の手仕事 ❹ うれしい日のローストビーフづくり

年末年始の集まりや、誕生日といったお祝い事などで、なにかと家族からリクエストされるのが、このローストビーフ。40年以上もつくり続けてきたもので、楽しい思い出がいっぱい詰まったレシピです。たいてい、あっという間にみんなのお腹に収まってしまいますが、残ったときは、サンドイッチに。

野菜類は本来、グレービーソースのための香味野菜なのですが、脂の旨みを吸って、ねっとりとしたじゃがいもも、おいしいんですよ！

《材料》（つくりやすい分量）
牛肉（ブロック）＊…1～1.5kg
塩…大さじ1½
にんにく（すりおろす）…2～3かけ
粗挽き黒こしょう…適量（たっぷりめ）
牛脂＊＊…1kg
A
　玉ねぎ（皮をむいてくし形切り）…1～2個
　じゃがいも（皮をむいて6等分のくし形切り）…2～3個
　にんじん（皮をむいて、長さ2～3等分、縦6等分に切る）…1本
＊牛肉の部位はランプ、ももなどお好みのもので。
＊＊牛脂は叩いてからひとまとまりにし、5～6mm厚さのシート状にする。精肉店などに頼むとよい。

1. 牛かたまり肉は常温にもどしておき、まんべんなく塩をすりこむ。

2. にんにくを全体に塗り、粗挽き黒こしょうをふる。肉の赤い部分が見えなくなるように、牛脂でまんべんなく包む。

3. 牛脂はオーブンに入れると縮むので、それを考慮して、薄いようであれば重ね、たこ糸で数カ所をしばる。

4. 天板に3を置き、周りにAを並べる。200℃に予熱したオーブンに入れ、約1時間焼く。

5. 金串を肉の中心に刺し抜いて下くちびるの下にあて、串が冷たいようなら更に焼く。熱を感じるようであれば完成。

6. 焼き上がり後、火を止め、オーブンに入れたまま粗熱がとれるまで待つ。食べるときに好みの厚さに切り分ける。

ローストビーフ　グレイビーソースがけ

《材料》（2人分）
ローストビーフ…適量
ローストビーフの焼き汁
　　　　　　　…カップ½〜1
ウスターソース…大さじ1
サラダ菜…適量
天板に残った野菜…適量

《つくり方》
1. 焼き上がったローストビーフのたこ糸と牛脂をはずして、食べやすい厚さに切る。
2. グレイビーソースをつくる。天板に沈殿している薄茶色の焼き汁をすくって容器に入れ、塩加減をみて、ウスターソースの分量を加減し、味を調える。
3. 器にサラダ菜を敷き、1を盛り、好みで天板に残っている玉ねぎ、じゃがいも、にんじんをあしらい、グレイビーソースを添える。

＊グレイビーソースをかけるときは、〈バターウォーマー〉が便利です。

ローストビーフサンド

《材料》（2人分）
ローストビーフ（薄切り）…4〜6枚
グレービーソース…適量
バゲット（10cm長さに切ったもの）…2切れ
バター・マスタード…各適量
レタス（ちぎる）・トマト（湯むきして薄切り）
赤玉ねぎ（薄い輪切り）…各適量

《つくり方》
1. バゲットは、厚み半分のところに切り込みを入れる。
2. ローストビーフはグレービーソースにさっとくぐらせる。
3. バゲットにバターとマスタードを塗って、レタスを置き、ローストビーフ、トマト、赤玉ねぎを重ねる。

第五章
琺瑯容器ひとつで簡単おやつがつくれます

おやつづくりは手間がかかるというイメージがありますが、我が家では気軽につくれるゼリーが定番。暑い夏にはもちろん、冬場、暖かい部屋でつるんといただくゼリーもおいしいものです。

つくり方はごく簡単。琺瑯容器に水を入れて火にかけ、ゼラチンを入れて溶かし、好みの味に調えて、冷めたらそのまま容器ごと冷蔵庫で冷やし固めます。この方法だと洗いものが減らせますし、容器はそのまま器にもなりますので、スプーンを添えて、好きなだけ取り分けていただくというスタイルです。冷蔵庫にも収まりがよく、おもてなしの際、お客様が急に増えても、フレキシブルに対応できるのもいいところ。

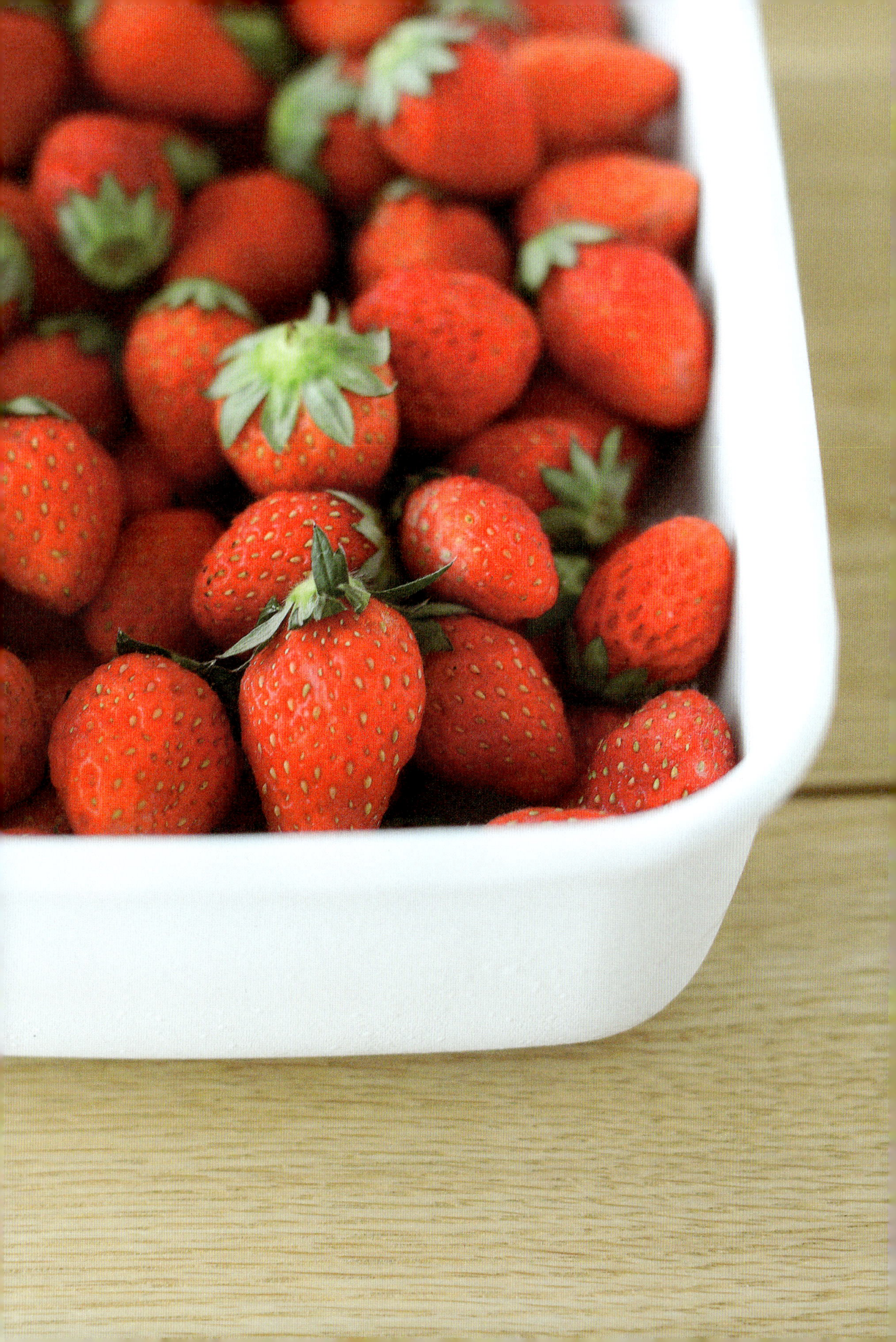

コーヒーゼリー

大人の方にも喜んでいただける、ビターなゼリーです。
お砂糖は加えませんので、エバミルクやアイスクリームなど
お好きなものと一緒にどうぞ。

《材料》（つくりやすい分量）
水…500㎖
ゼラチン…10g
インスタントコーヒー…大さじ2
エバミルクまたはアイスクリームなど…適宜

《つくり方》
1. 〈レクタングル浅型S〉に水を入れて火にかけ、70〜80℃で火を止め、ゼラチンをふり入れて、溶かす。
2. インスタントコーヒーを加えて溶かし、粗熱を取る。蓋をして、冷蔵庫で冷やし固める。

〈レクタングル浅型S〉

ゼラチンはスプーンで静かにかき混ぜて溶かします。器が熱くなっているので、うっかり触らないよう注意して。

このゼリーは、インスタントコーヒーを使ったほうが手軽で、おいしいような気がします。

琺瑯容器ひとつで簡単おやつがつくれます

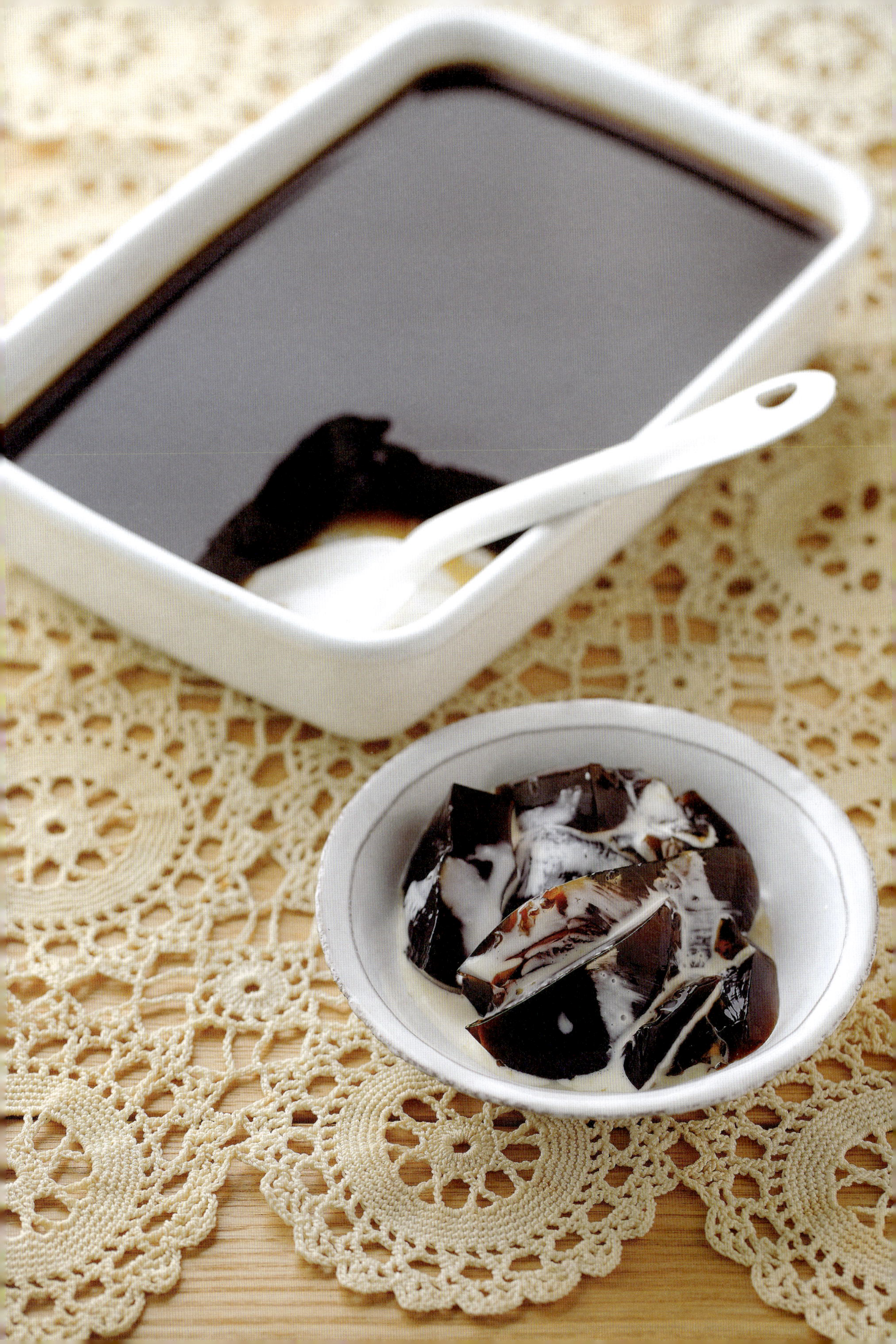

⟨レクタングル深型L⟩

みかんゼリー

ゼリーになっても、サイダーのしゅわしゅわ感が楽しめます。
ただし、きちんと蓋をしないと、炭酸が抜けてしまうので要注意。

《材料》(つくりやすい分量)
水…150ml
粉ゼラチン…15g
缶みかん…1缶(435g)
サイダー…500ml

《つくり方》
1. 〈レクタングル深型L〉に水を入れて火にかけ、80℃まで熱し火を止める。粉ゼラチンをふり入れて、煮溶かす。
2. 缶の蓋を少し切り、1に缶汁だけを全量加えて混ぜる。蓋を開いて実も加え、サイダーを注ぐ。一度さっと混ぜてすぐに琺瑯容器のシール蓋をして、冷蔵庫で冷やし固める。

＊ サイダーを入れた後、かき混ぜすぎるとしゅわしゅわ感がなくなってしまうので注意。炭酸が飛ばないようすぐに蓋をするのもポイントです。

琺瑯容器ひとつで簡単おやつがつくれます

〈ラウンド 16cm〉

いちじくの赤ワイン煮

赤ワイン煮は、アクをていねいにすくうのがコツ。
いちじくは完熟したものを選び、皮つきのまま煮ます。

《材料》（つくりやすい分量）
いちじく（完熟）…700g
砂糖…210g（いちじくの30%）
赤ワイン…適量

《つくり方》
1. いちじくはきれいに洗って〈ラウンド16cm〉に入れ、砂糖をまぶし、そのまま1～2時間おく。
2. 1に赤ワインをいちじくの高さの7分目くらいまで注ぎ、中火にかける。ひと煮立ちしたら弱火にし、アクを取りながら15～20分煮る。

四季の手仕事 ❺ 季節の果実でジャム＆コンポート

我が家の小さな庭では、初夏から秋にかけて、梅、あんず、桃、柿などが順に色づき始めます。そして同じころ、栃木の工場の庭先には、なかなか立派ないちじくが実るのです。これらの季節の恵みを保存食に仕立てるのも、楽しみな年中行事のひとつ。

ジャムもコンポートも基本配合は同じで、煮詰め具合で加減をします。ジャムなど、水分を飛ばしながらゆっくり煮詰めていくものは焦げつきやすいので、琺瑯容器ではなく、琺瑯鍋でコトコト煮てください。お砂糖は控えめなので、保存は冷蔵庫で3週間が目安です。

《材料》（つくりやすい分量）
くだもの…1kg
砂糖…300g（くだものの30％）

《つくり方》
1. 鍋に下処理をしたくだものを入れ、砂糖をまぶし、そのまま1〜2時間おく。
2. 1を中火にかけて、ひと煮立ちしたら弱火にする。ぶくぶくしてきたら、アクをていねいにすくう。好みの煮つまり具合になったら、火からおろして冷ます。

〈ラウンド 14cm〉

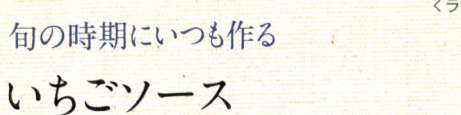

旬の時期にいつも作る
いちごソース

いちごは洗ってヘタを取り、右記の手順で煮ます。
ある程度形を残したほうが、用途が広がります。

〈レクタングル深型 M〉

自宅の庭でとれた桃から
桃のコンポート

桃は皮をむき、縦8等分のくし形切りにし、
右記の手順で、桃に透明感が出てくるまで煮ます。

〈持ち手付ストッカー角型 L〉

工場の庭でとれたいちじくから
いちじくジャム

いちじくは皮つきのまま縦4等分に切って、
右記の手順で。仕上げにレモン汁を加えます。

〈スクウェア L〉

自宅の庭でとれたあんずから
あんずジャム

皮つきのまま種を取り、縦4等分に切って、
右記の手順で、好みの固さに煮ます。

琺瑯製品は、こんなふうにしてつくられます

琺瑯の発祥は大変古く、紀元前1300年ごろにつくられた古代エジプト・ツタンカーメン王の黄金マスクが、最初期のものとされています。紀元前より、金属とガラス質を密着させる技術があったことは驚きですが、日本でお鍋や容器といった生活の実用品として利用されるようになったのは、およそ130年前のことでした。

琺瑯は、強いけれどサビやすい鉄と、美しいけれど壊れやすいガラス質の融合です。

製品の種類によっては数十にも及ぶ製造工程になりますが、簡単に説明すると、まず、琺瑯専用の鋼板（極低炭素鋼）をプレス機によって成型し、釉薬の密着性を高めるための前処理（洗浄）を施します。釉薬を調合し、下釉薬を施して乾燥させ焼成後、さらに上釉薬を施し乾燥させ約850度の高温で焼き付けます。釉薬をひとつひとつ釉薬を施釉し、製品を金具で吊るすという一連の作業は手作業でおこなわれ、全ての製品に釉薬を均一に美しく施釉できるようになるまでには、職人として10年ほどかかります。

ホワイトシリーズができるまで

1. 鋼板をプレス機で何工程もかけて絞り、形ができたら釉薬を施す前処理をおこなう。釉薬の付きをよくするため、油や汚れ・サビ・ほこりなどをきれいに洗い落とす。

2. 鋼板とガラス釉薬を密着させるために、職人が"やっとこ"を使い、下釉薬（グランドコート）を均一に施す。

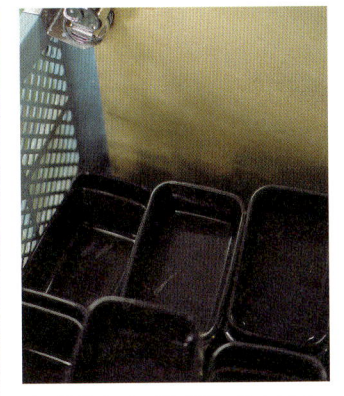

3. 乾燥させ、焼成炉に入れると、ツヤのある黒色のガラス質に焼き上がる。この後、上釉薬を施す。

4. 上釉薬（カバーコート）を施釉する。下釉薬と同様"やっとこ"で本体を持って釉薬に浸け、遠心力をつかい素早く振りはらい均一にする。

5. 釉薬を施し触ることができないため、V字の金具に吊るして、コンベアーで工場内をめぐらせながら乾燥させる。

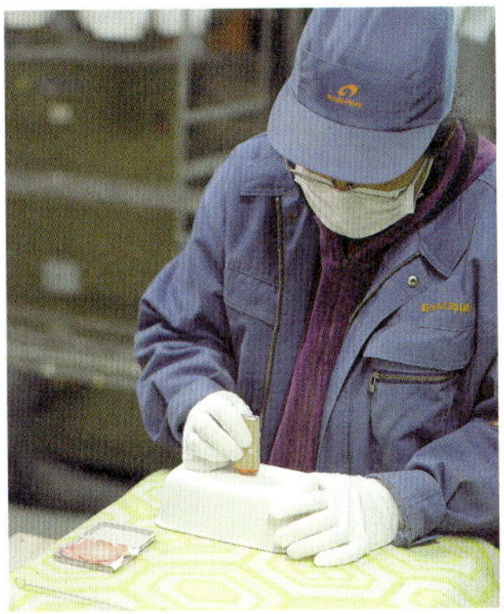

6. ムラなく乾燥させたものに、手作業で野田琺瑯のロゴをひとつひとつ捺印していく。底面の真ん中に力を集中させながら行う慎重な作業。

7. 約850度の焼成炉に入ると、全体が赤くなり鋼板とガラス質が密着する。焼成炉内で、徐熱・焼成・徐冷する。

8. 焼成され徐冷が終わり、炉から出てくるころには美しい光沢がある乳白色になり、ホワイトシリーズが完成する。

ホワイトシリーズ 製品一覧

さまざまな形状、サイズがあるので、用途に応じてお選びください。シール蓋、琺瑯蓋、密閉蓋の3種類があります。蓋のみの別売りも。

Square スクウェア

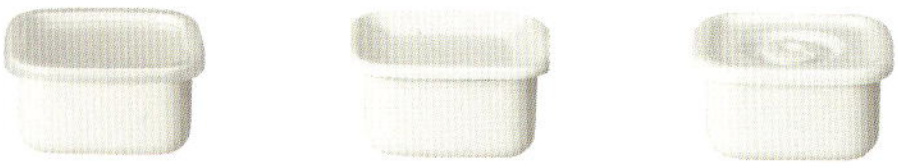

スクウェア S

シール蓋付 ￥1100	琺瑯蓋付 ￥1950	密閉蓋付 ￥1650
W10.6×D10.0×H5.4	W11.2×D10.0×H5.4	W10.6×D10.0×H5.4
0.32ℓ	0.32ℓ	0.22ℓ（密閉時）

カレー1人前（220g前後）、だし1.5人前、しらす干し、たらこの保存

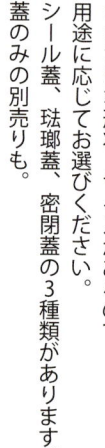

スクウェア M

シール蓋付 ￥1700	琺瑯蓋付 ￥2700	密閉蓋付 ￥2300
W12.4×D12.4×H8.4	W13.6×D12.8×H8.4	W12.8×D12.8×H8.4
0.8ℓ	0.8ℓ	0.7ℓ（密閉時）

だし・スープ4人前、煮物・佃煮の保存

スクウェア L

シール蓋付 ￥1950	琺瑯蓋付 ￥2950	密閉蓋付 ￥2550
W12.4×D12.4×H11.8	W13.6×D12.8×H11.8	W12.8×D12.8×H12.0
1.2ℓ	1.2ℓ	1.06ℓ（密閉時）

1ℓ牛乳1本分のヨーグルトづくり。味噌1kg、だし6人前、スープの保存

Round ラウンド

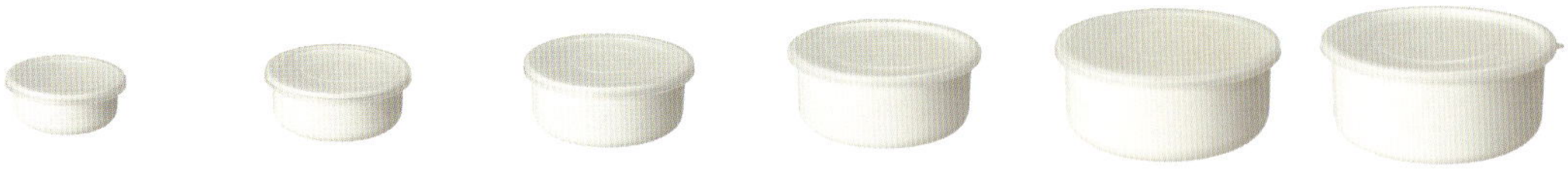

ラウンド 10cm	ラウンド 12cm	ラウンド 14cm	ラウンド 16cm	ラウンド 19cm	ラウンド 21cm
シール蓋付 ￥1200	シール蓋付 ￥1400	シール蓋付 ￥1600	シール蓋付 ￥1800	シール蓋付 ￥2000	シール蓋付 ￥2400
φ11.0×H4.4	φ13.5×H5.3	φ15.6×H6.4	φ17.9×H7.3	φ20.3×H8.4	φ22.9×H9.5
0.28ℓ	0.54ℓ	0.8ℓ	1.3ℓ	1.9ℓ	2.9ℓ
カマンベールチーズ	ハム入れにぴったり	カットフルーツ入れ	千枚漬けや煮物の保存	ケーキのスポンジ型	パーティのサラダ皿

＊蓋は1種類（シール蓋）です

Preserve 持ち手付ストッカー

持ち手付ストッカー

丸型S シール蓋付 ￥2000	丸型L シール蓋付 ￥2200
W18.0×D13.5×H12.3	W20.0×D15.8×H10.5
1.0ℓ	容量：1.5ℓ

手づくりジャムやソース入れ　ショートパスタや乾物の保存

持ち手付ストッカー

角型L シール蓋付 ￥2450	角型L 琺瑯蓋付 ￥3450	角型L 密閉蓋付 ￥3050
W16.7×D12.4×H11.8	W17.5×D12.8×H11.8	W17.4×D12.8×H12.0
1.2ℓ	1.2ℓ	1.06ℓ（密閉時）

味噌1kg、だし6人前の保存。塩・砂糖のストッカーとして

＊蓋は1種類（シール蓋）です

製品情報の見方

レクタングル深型 S ……品名

シール蓋付　￥1250	……蓋の種類・価格
W15.4×D10.3×H5.7	……サイズ
0.5ℓ	……容量
たらこの保存	……使用例

＊サイズ表記は、W＝取手を含む最大幅、D＝最大奥行き、H＝底から一番高いところまでの高さ、φ＝最大直径で、単位はcm表示です。手づくりのため、若干個体差があります。容量表示は、全て満水時の容量です。なお密閉蓋付は密閉時（シリコーンつまみを下げた状態）の容量です。価格は2014年6月現在の税抜き価格です。

Rectangle　レクタングル浅型

レクタングル浅型 S
シール蓋付　￥1250
W20.8×D14.5×H4.4
0.8ℓ
スライスベーコンの保存

レクタングル浅型 M
シール蓋付　￥1950
W25.2×D18.8×H4.8
1.4ℓ
衣つけ、下味つけ、マリネ

レクタングル浅型 L
シール蓋付　￥2200
W29.0×D22.8×H5.7
2.4ℓ
4〜5人前のグラタン

＊蓋は1種類（シール蓋）です

Rectangle　レクタングル深型

レクタングル深型 S

シール蓋付　￥1250	琺瑯蓋付　￥2050	密閉蓋付　￥1850
W15.4×D10.3×H5.7	W16.0×D10.5×H5.7	W15.4×D10.6×H5.8
0.5ℓ	0.5ℓ	0.38ℓ（密閉時）

200gのバター、常備菜、たらこの保存

レクタングル深型 M

シール蓋付　￥1700	琺瑯蓋付　￥2700	密閉蓋付　￥2400
W18.3×D12.5×H6.2	W19.3×D12.7×H6.2	W18.6×D12.8×H6.3
0.85ℓ	0.85ℓ	0.62ℓ（密閉時）

肉、切り身魚、豆腐1丁、カレー3人前の保存

レクタングル深型 L

シール蓋付　￥1950	琺瑯蓋付　￥3150	密閉蓋付　￥2750
W22.8×D15.5×H6.8	W23.7×D15.8×H6.8	W23.0×D15.7×H6.9
1.5ℓ	1.5ℓ	1.18ℓ（密閉時）

ゆでじゃがいもや人参、ピクルス、洗った野菜の保存

レクタングル深型 LL

シール蓋付　￥3300	琺瑯蓋付　￥4600
W25.5×D16.0×H12.0	W26.2×D16.0×H11.8
3.2ℓ	3.2ℓ

米2kg、味噌3kg、煮物の保存。ぬか漬け、一夜漬けの容器

＊蓋は2種類（シール蓋・琺瑯蓋）です

別売り蓋

シール蓋
スクウェアS用　￥200
スクウェアM・L用／持ち手付ストッカー角型L用　￥250
レクタングル深型・浅型S用　￥200
レクタングル深型・浅型M用　￥250
レクタングル深型・浅型L用　￥300
レクタングル深型LL用　￥300
ラウンド10cm用　￥150
ラウンド12cm用／持ち手付ストッカー丸型S用　￥150
ラウンド14cm用／持ち手付ストッカー丸型L用　￥200
ラウンド16cm用　￥250
ラウンド19cm用　￥300
ラウンド21cm用　￥350

琺瑯蓋
スクウェアS用　￥900
スクウェアM・L用／
　持ち手付ストッカー角型L用　￥1100
レクタングル深型S用　￥900
レクタングル深型M用　￥1100
レクタングル深型L用　￥1300
レクタングル深型LL用　￥1500

密閉蓋
スクウェアS用　￥700
スクウェアM・L用／
　持ち手付ストッカー角型L用　￥750
レクタングル深型S用　￥850
レクタングル深型M用　￥900
レクタングル深型L用　￥1000

＊シリコーンつまみのみの別売り　￥200

野田琺瑯の定番製品

ホワイトシリーズ以外の定番人気製品の一部をご紹介いたします。

NOMAKUキャセロール 24cm ￥11000
カレーやシチューづくり、おでんやポトフなどに。来客時の多めの調理にも使えるお鍋。
サイズ：W31 × D24.6 × H16.5
容量：4.0ℓ

MIMOZA ￥13000
お肉や野菜を蒸したり、食事を温め直したりと、多機能に使える蒸気調理鍋。
サイズ：蒸し鍋：W32.3×D25.7×H23.0（蒸し鍋蓋を含む）
付属品：内鍋（シール蓋付）・アミ・スノコ・レシピ集
容量：7.0ℓ

ポトル（空） ￥5000
シンプルで存在感のある佇まいと、やさしい色合い。白、茶、黄、柿色など全5色。
サイズ：W22.5 × D13 × H17.5
容量：1.5ℓ

アムケトル（グリーン） ￥6000
安定感があり、深みある色で懐かしい佇まい。他に白、赤、黒、青の全5色。
サイズ：W23 × D18.2 × H19.5
容量：2.0ℓ

ラウンドストッカー 21cm ￥5000（他に、18cm、24cm、27cm）
野菜やお米の保存、漬物などに。蓋が平らなのでスタッキングできトレイにもなる。
サイズ：W28 × D24 × H21.5
容量：7.0ℓ

ぬか漬け美人（水取器、シール蓋付） ￥3500（他にLサイズもあり）
乾燥ぬか1kg用。冷蔵庫に収まりやすいサイズ。低温保存で1年中安定したぬか床が保存可能。
サイズ：W25.5 × D16 × H12
容量：3.2ℓ

ロカポ（オイルポット） ￥6000
使用済みの油を活性炭入りカートリッジに通し、1回で800mlろ過できる琺瑯オイルポット。
サイズ：W18.5 ×D 14 × H 21
容量：2.3ℓ（ろ過器が入っていない状態）

バターウォーマー ブラックハンドル ￥1600
バターを溶かしたり、ドレッシングをつくったりと、活躍する小さい便利もの。
サイズ：W18 × D7.1 × H.7.2
容量：0.22ℓ

バターケース 200g用 ￥2800（他に450g用あり）
においうつりもなく冷却性も高い琺瑯と天然木の蓋。木蓋をソーサーにして、食卓にそのまま出しても。
サイズ：W15.7 × D9.7 × H5.2
容量：0.42ℓ

TUTU（L） ￥3200（他にS、Mがあり）
茶葉やコーヒー豆、調味料の保存に。シール蓋と琺瑯蓋が付いているので二重蓋が可能。
サイズ：φ 11.6 × H14
容量：1.2ℓ

ボール（ホワイト） 各￥900〜￥2500
食材がはえるシンプルな白いボール。全サイズ入れ子にできるのも魅力。
サイズ：φ 10〜28まで10サイズ

楕円型 洗い桶 ￥5000
シンクのスペースを有効に使える楕円形の洗い桶。フチが広く安定感がある。
サイズ：W38 × D28.7 × H12.6
容量：8.0ℓ

スプーン ￥700
清潔で口あたりのやさしい白いスプーンは、スープやデザートにぴったり。
サイズ：縦15.3 ×最大幅4.1 ×取手9.5

日本の琺瑯と野田琺瑯の歩み

平成26年、野田琺瑯は80周年を迎えました。戦前、戦後を経て、昭和から平成へ、その歩みの中には、我が社だけでなく、琺瑯産業にもさまざまな変遷がありました。

1934年（昭和9年）
野田悦司が野田琺瑯合名会社として創業。当時は東南アジア向け輸出用の皿、コップ、ボールなどを製造。

1942年（昭和17年）
太平洋戦争勃発に伴い、中小企業を中心として発令された「企業整備令」に基づき、工場を閉鎖。

1947年（昭和22年）
野田琺瑯株式会社として操業を再開。家庭用容器（円形タンク・バット・ボール）(1)、衛生用品(2)、理化学用品（ビーカー・ロート）などが中心となる。

1976年（昭和51年）
当時NHK「きょうの料理」に出演するなど、漬けもの専門家で主婦層に広く支持されていた料理家・酒井佐和子氏と共同開発した『漬けものファミリー（現在は廃番）』を発売。これは当時の主力製品となるほどの人気で、製造が間に合わないほどだった(3)。しかしその後、生活様式の変化等により、大きな漬物容器は徐々に使われなくなる。

1994年（平成6年）
バブル崩壊の影響を受け、琺瑯製品の売れ行きが鈍り、国内に70数社あった琺瑯製造メーカーは、減少。海外に生産拠点を移したり、規模を縮小する会社も増える。野田琺瑯は、東京本社工場を閉鎖、製造部門を栃木工場に集約する。

2003年（平成15年）
『ホワイトシリーズ』発売。料理研究家やスタイリストの愛用品として著書や雑誌などでも多く取り上げられ、シンプルで応用範囲の広い道具として関心が高まり、琺瑯が見直されるきっかけとなる。

2006年（平成18年）
琺瑯鍋『NOMAKU』発売。工業デザイナー、山田耕民氏デザインの美しいフォルムと使い勝手の良さで人気を博す。

2008年（平成20年）
ケトルとしてもポットとしても使える『ポトル』発売。デザイン、色、洗いやすさなどを兼ね備えた定番ポットとして、幅広い年齢層から支持を受ける。

2013年（平成25年）
『ホワイトシリーズ』が『グッドデザイン・ロングライフデザイン賞』を受賞。(4)

現在
『野田琺瑯』は、鋼板の成型から焼成までを自社で一貫製造する国内唯一の琺瑯メーカーとなる。琺瑯が、安心、安全な材質として人気が高まる中、琺瑯づくり一筋に邁進している。

(1) 戦前から戦後にかけて、お重代わりに重宝された『組みバット』。現在は製造していませんが、ときどき「昔、母が使っていたのを覚えています」と懐かしがってくださる方もいらして、うれしくなります。

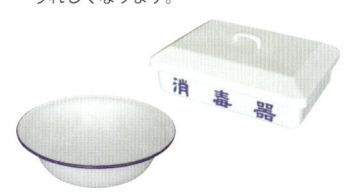

(2) 学校や病院などでおなじみの洗面器や、理美容室で使われる消毒器は、長きにわたり製造され続けています。

(3) 昭和後期に大ヒットした『漬けものファミリー』の当時のポスター。

(4) 発売以来10年以上継続的に提供され、かつユーザーや生活者の支持を得ている商品に贈られる賞とのことで、大変に光栄でうれしい受賞でした。

野田善子（のだよしこ）

横須賀市出身。野田琺瑯株式会社現社長である野田浩一氏と結婚後、二人の息子を育て、自身も家業である野田琺瑯に勤務。現在も業務と家事を両立する多忙な毎日を送る。自宅で自社製品を使い、「作り手であると同時に一番の使い手」として、より便利な使い方などを考え、新製品の開発にも携わる。著書に『「野田琺瑯」の本。一生つきあいたい万能キッチン道具』（発行：マーブルトロン、発売：中央公論新社）がある。

撮影：松園多聞
編集協力：佐伯明子
装丁＆デザイン：野中深雪
DTP製作：エヴリ・シンク

野田琺瑯のレシピ
琺瑯容器＋冷蔵庫で、無駄なく、手早く、おいしく。

2014年 6月15日　第一刷発行
2021年 4月25日　第九刷発行

著　者　野田善子
発行者　島田　真
発行所　株式会社 文藝春秋
　　　　〒102-8008 東京都千代田区紀尾井町3-23
　　　　電話　03-3265-1211（代）
印刷所　図書印刷
製本所　大口製本

万一、落丁・乱丁の場合は送料小社負担でお取替えいたします。
小社製作部宛、お送りください。定価はカバーに表示してあります。
本書の無断複写は著作権法上での例外を除き禁じられています。
また、私的使用以外のいかなる電子的複製行為も一切認められておりません。

©Yoshiko Noda 2014　　ISBN 978-4-16-390048-3
Printed in Japan